KB273935

돈 찌는 체질

김종율 지음

모티브

$

프롤로그

살 빼는 것 하나도 제대로 못하는 그 의지로 부자가 된다고?

건강을 위해 매주 금주를 결심하지만 주 3회 이상 음주. 30년째 다이어트를 해오고 있는데도 키 163cm에 80kg에 육박하는 몸무게. 회사 코앞에 살면서도 지각은 주 1회 꼬박꼬박. 이게 내가 살아 온 모양새다. 또 자기계발을 한답시고 독서를 엄청나게 하는 것처럼 떠들어대지만 1년간 읽은 책이 20권을 넘어가는 해가 거의 없기도 했다.

독자들에게 하나 물어보자. 직장 다니는 사람이 축구에 재미를 붙여 퇴근 후 주 2회 정도는 축구를 하거나, 축구 공부를 하고 주말 이틀 중 하루는 온종일 축구에 몰입하여 지내기를 10년쯤 하면 어떻게 되겠는가? 당연히 축구를 상당히 잘할 것이다. 그렇지만 이게 손흥민 선수처럼 세계적인 수준이 아닌, '일반인치고 잘하는 수준'이 될 것이다. 그렇다면 수능 등급도 보통이며 직장 내에선 '품행제로'(실제로 나를 두고 직장 선배가 나를 이렇게 불렀다)로 불리지만 퇴근 후 투자에 대한 공부를 하고, 토요일 하루 정도는 부동산 투자학원이나 모임에 나가 지내기를 10년쯤 한다면 어떻게 될까? 당연히 부동산으로 부자가 되어 있지 않겠나? 그렇다고 천억 원 대 자산가가 되진 못할 것이다. 하지만, 일반인치고 부자인 수준인 50억 원~ 100억 원 사이의 부자는 충분히 달성 가능할 것이다.

꾸준히 연 소득 10억 원 (내 지분 100%인 법인과 개인 소득을 합한 금액)이상을 벌며 이런 저런 방송에도 가끔 나오다 보니 어릴 적 나를 알던 친구들은 나를 꽤나 시기할 것도 예상하고 있다. 그렇다면 그 친구들은 왜 나만큼 하지 못했을까?

자기 확신이 없었고, 부자는 단기간에 되는 것이라 기대했으며, 학교 공부하듯 한두 번 암기만 잘해서 공부해 두면 되는 것이라 여겼기 때문일 것이다. 이 모두는 체질에 맞지 않아서이다. 우리가 흔히 말하는 살찌는 체질이 있듯 '돈 찌는 체질'도 있다. 돈에 대한 공부를 계속하면 온갖 알고리즘에 자산 가격이 오른다는 정보가 흘러 들어오고 확신이 생기게 된다. 단기간에 부자가 되겠다는 욕심보다는 단기간에 모아야 할 금전적 목표를 두는게 좋다. 그리고 무엇보다, 부자는 기술이 아니라 습관이라는 점을 알아야 한다. 엉덩이 깔고 암기를 잘하는 것도 필요하지만 단기간에 마스터하는 기술이 아니라 습관인 것이다.

대학을 들어가기 전부터 알바를 직업처럼 해 온 나는, 남들보다 확실히 돈에 대해 빨리 깨우쳤다. 셔츠 공장 생산직도 오래 했지만 건설현장 잡부(흔히 말하는 노가다), 청과 도매시장 배달 및 산지 선적, 성인 오락실 가짜 손님, 자동차 왁스 판매원 등 시간이 날 때마다 갖가지 아르바이트를 방학이나 군 휴학을 전후하여 했다.(단, 급여가 많지 않은 편의점이나 주유소 알바는 하지 않았다.) 그렇게 번 돈으로 IMF가 터졌던 스물세 살, 주식 투자를 시작하였고 내 손으로 재테크 책도 사보고 경제신문도 읽으며 돈 공부를 시작하게 된 것이다.

대학을 다니며 알바를 참 많이 하였는데 생활비를 쓰고 남은 돈은 투자도 하였지만 고금리 적금에 넣어 두기도 했다. 그중 하나가 청약저축이었는데 훗날 이게 29살이 되던 해 신규 아파트를 분양받게도 해 주었다. 23살부터 돈 공부를 하던 습관이 나를 완전히 돈 찌는 체질로 만들어 준 것이다. 모든 일이 손에 익기 시작하면 재미있는 법인데 나는 비교적 어린 나이에 부동산 투자에 재미를 붙일 수가 있었다.

유통회사에서 점포 개발이라는 업무를 통해 상권분석 부동산 개발 업무를 배웠고 이를 통해 배운 기술로 꾸준히 부동산 투자를 병행하여 제법 성과를 내기도 했다. 이러는 동안 1년에 20권씩은 못 읽어도 3년이면 50권 정도의 독서를 했고 회사 코앞에 살며 주 2회 정도는 마음 먹고 투자든 회사 업무든 관련 공부를 했다. 10년이 넘는 직장 생활 동안 우수사원도 3번이나 받았으니 나쁘지 않은 업무 성과를 내기도 했다.

그렇다면 나는 열심히 산 사람인가? 나는 핵심만 했다. 돈 버는 것과 밀접한 관련이 있는 것만 찾아서 노력했다. 그렇다고 열심히 하지도 않았다. 다만 꾸준히 했다. 숨이 차도록 열심히 뛰는 것은 긴 시간 동안 하지 못하지만, 좀더 빠른 걸음으로 걷는

건 평생 할 수 있지 않나. 나는 부자가 되기 위해 꼭 필요한 것만 골라서 숨이 차지 않을 정도로만 꾸준히 해 온 사람에 지나지 않는, 그런 보통 사람이다. 다만 나의 경제적 성과는 보통보다는 월등히 좋다. 나는 나같이 의지박약도 긴 시간 지치지 않고 할 수 있는 자기계발에 대한 이야기를, 또 최소한의 것만 지키며 경제적 성과를 내는 방법을 말하고 싶어 이 책을 쓰게 된 것이다.

당신이 수능을 잘 치고 싶은데 지금 성적이 중하위권이라면 어떤 전략을 짜야 할까? 국영수 위주로 그것도 기출 문제 위주로 공부하여 상위권으로 올릴 목표를 세우는 것이 맞지 않을까? 만약 전국 1등한 사람의 공부 방법을 배워서 모든 과목의 내용을 이 잡듯 들여다보면 어떻게 될까? 며칠 하다 말고 힘들어서 나가떨어질 것이다. 당연히 성적은 그 자리에 머물러 있을 테고.

2023년 서점가를 강타한 대한민국 독보적 1위 베스트셀러 《세이노의 가르침》의 저자 세이노 선생님을 몇 번 만난 적이 있다. 맨 처음 뵌 것이 GS리테일을 다니다 퇴사하며 '두 주먹 불끈'할 무렵이었다. 내게 신적인 존재인 세이노 선생님을 뵙고 나면 엄청 큰 힘과 영감을 얻을 것으로 기대했다. 하지만 뵙고 온 이후 낙심을 한 것도 사실이다. 선생님께서 들려주신 많은 이야기가 일반인으로서는 상상도 할 수 없는 깊이였다. 피보다 진하게 살라고 하시더니 이 정도였나 생각될 정도로 나는 자신이 없었다. '이렇게 살아야 부자가 된다면 나는 부자는 못 되겠구나…'하는 자괴감이 들었다.

하지만 나는 끝내 부자가 되었다. 선생님의 가르침은 전국 1등의 공부법이니 내가 따라 할 수가 없었다. 하지만 그중에서 꼭 필요하고 해보니 기출 문제처럼 내 삶에 자주 반복되는 것, 그리고 가점이 높거나 내가 잘할 수 있는 것들만 추려서 해보니 큰 효과가 있었던 것이다. 다 해냈더라면 0.001%의 부자가 됐겠지만, 대한민국 상위 1% 부자는 여유 있게 달성했다. (2025년 4월 NH투자증권이 발표한 자료에 따르면 대한민국 상위 1% 가구의 순자산은 33억 원밖에 되지 않는다. 이 책을 쓰는 2025년 현재, 나는 1%보다 훨씬 더 안쪽에 있다.)

나는 이 책의 독자를 경제적 내신 중하위권 직장인들을 타겟으로 잡았다. 분명 그들은 나처럼 의지박약일 것이기에, '부자 되기 기출 문제' 위주로 부자 되기 습관을 들여 상위권의 부자로 올려 드리고자 함이다. 다만, 이 방법으로 전국 1등급 부자 또는 100억 원 이상의 부자는 결코 될 수 없을 것이다. 그렇지만 전국 1등급 부자를 따라 하려다 중도 포기하여 '내 팔자가 그렇지…'라고 자책하며 경제적 성적이 제자리에 머물게 하지도 않을 것이다.

아침에 일찍 일어나기, 감사 편지 쓰기, 한 가지 운동 꾸준히 하기, 약속 시간 30분 일찍 오기, 목표한 것을 책상에 써 붙이기… 이런 말을 들었을 때 이게 인생에서 나쁜 것이라고 할 사람이 누가 있겠나? 그런데 이런 걸 잘해서 부자가 된 사람이 있을 것 같나? 이런 것들은 수능으로 치자면 수리탐구영역2에 해당하는 과목이다. 할 필요가 없다는 것이 아니라 부자 되는 데 그리 큰 관련이 없다는 것이다.

'부자 되기에도 기출 문제가 있고 가점이 높은 것이 있다'

이게 내가 하고 싶은 말이다. 투자에 대한 공부하기, 월 ○○

만 원 이상 저축하기(또는 매월 지출을 ○○만 원 이하로 절제하기) 이 두 가지만 딱 잘 지켜서 긴 시간을 보내면 당신의 경제 내신이 개선될 것이다.

그렇다고 단순한 것만은 아니다. 가짓수가 적다는 것이지 해야 할 것이 적다는 것은 아니다. 시간도 꽤 요한다. 그러기에 돈에 대한 심리적 토대도 단단해야 하며 긴 시간 지치지 않으려면 중간중간에 작은 성취도 있어야 한다. 또, 늘 돈이 모이는 곳에 득실대는 하이에나를 피하는 법도 알아야 한다. 수강생의 돈을 불려 주겠다며, 그들의 돈을 노리는 사기꾼이나 강의팔이가 얼마나 많은지 알면 꽤나 놀랄 것이다.

나는 부산 해운대구 반여2동이라는 교통부 철거민을 수용한 동네 출신이다. 처음 서울에 살며 사당동에서 반지하 살이 할 때 그 집 옥탑방에 올라 보보스족처럼 살아보고 싶다며 지은 닉네임이 '옥탑방 보보스'다. 주변에서 나를 아는 사람은 다 알겠지만 내 외모가 좀 섹시한 것 외엔 아무런 강점이 없다. 강한 의지도, 경제적 밑천도, 뛰어난 머리도, 제대로 된 성장판도 없었다. 그냥 탄수화물 위주의 식사를 하면 살찌는 체질이 되듯, 돈에 관련된 습관을 어릴 적부터 잘 들인 덕분에 돈 찌는 체질이 될 것에 불과하다. 나는 부자 되기 시험에 빠지지 않고 나오는 기출 문제를 이 책을 통해 상세히 알려드리고자 한다.

거듭 말씀드리지만 나는 조금도 대단한 사람이 아니다. 그저 평범, 아니 부족한 사람에 가깝다. 앞으로 이어질 내용도 나 스스로를 띄우는 내용을 담지 않을 것이다.

|| 1장 ||

돈 찌는 체질 1단계
돈을 벌기 전, 내 안의 프레임부터 바꿔라

|| 2장 ||

돈 찌는 체질 2단계
만나는 사람을 바꾸고 스스로의 기준을 만들어라

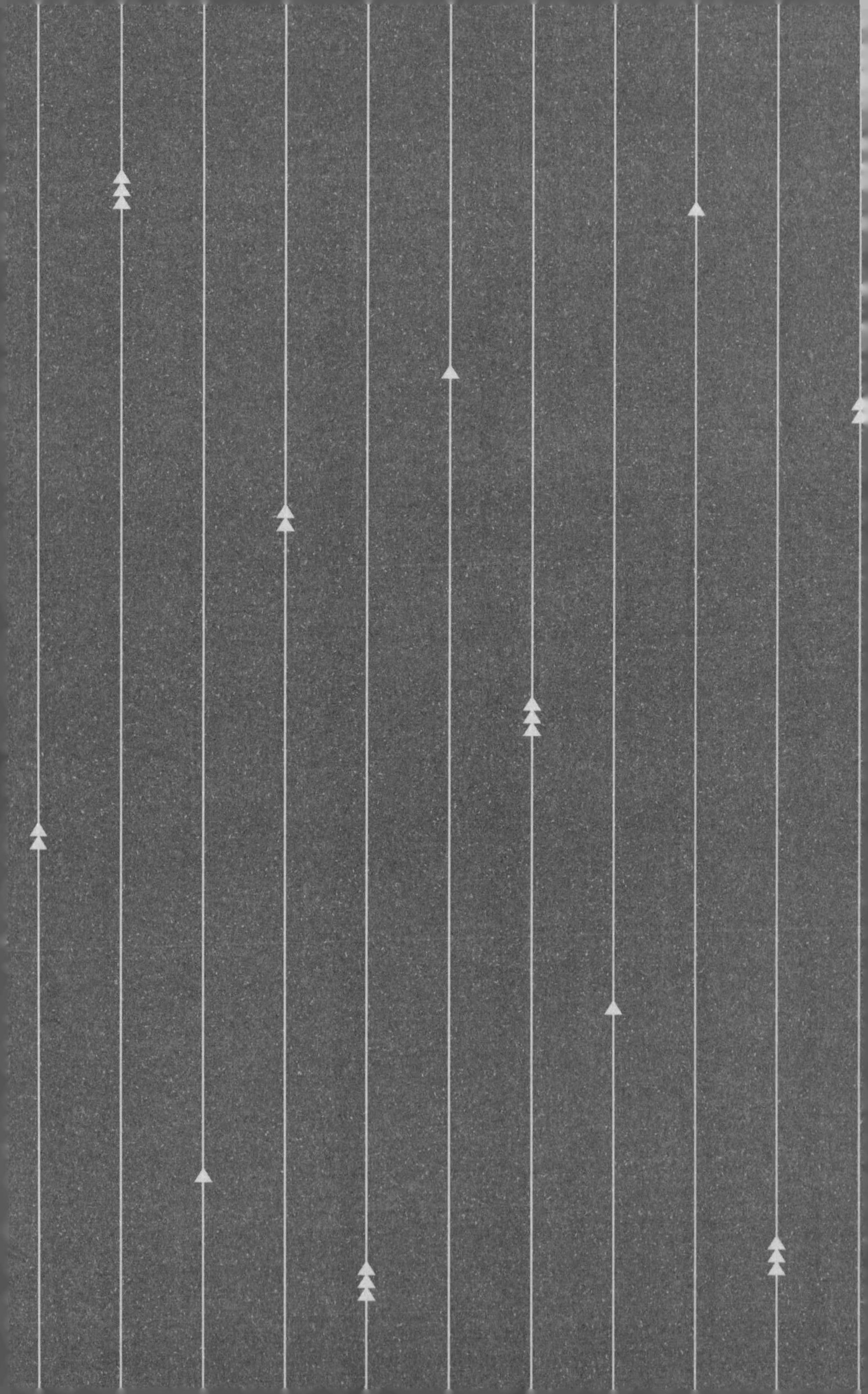

돈 찌는 체질 1단계

돈을 벌기 전, 내 안의 프레임부터 바꿔라

성공을 꿈꾸지 말고 부자를 꿈꿔라

자본주의 사회다. 까놓고 말해 자본주의 사회에서 성공이란 돈 많이 버는 것이지 그 말고는 뭐가 있나? 그런데도 우리 사회는 유교적 문화의 영향으로 돈을 많이 벌고 싶다는 이야기를 당당하게 말하기 어렵고, '돈을 많이 벌고 싶다'라고 하면 누군가로부터 '돈이 그리 좋냐?'라는 비아냥을 받을 것만 같다. 그러나 성공하고 싶다고 말하면 그 누구도 손가락질하지 않을 것이다. 당장 당신의 가족이나 친구에게 '부자가 되고 싶다'라고 말을 하는 것과 '성공하고 싶다'라고 말을 하는 것 중 어느 것이 상대방의 반응이 좋을지는 쉽게 예상되지 않나. 하지만 성공을 인생의 목표로 삼으면 안 된다. 그 이유는, 성공은 너무 추상적인 개념이기 때문이다.

고3 수험생에게 성공이란 아마도 대입 시험일 것이다. 그러니 수능 몇 점, 내신 몇 등급 같은 것이 목표로 적당하지, '고3으로서 인생 성공' 따위는 별 도움이 되지 않는 목표일 게다. 어느 책에서건 인생에서 목표를 설정할 때는 구체적이어야 한다고 하지 않나. 그러니 인생의 목표를 뜬 구름 잡듯 설정하지 마라. 성공이라는 목표도 마찬가지다. 자본주의 사회답게 '부자'로 목표를 설정하라.

물론 인생을 살면서 돈이 아닌 다른 것을 성공의 잣대로 삼는 이도 있다. 나는 그들이 가지고 있는 인생관이 틀렸다는 것을 말하려는 것이 아니다. 회사 생활을 하고 있다면 임원 승진, 정치인이라면 시장이나 의원 당선, 장사를 하고 있다면 그 안에서 또 다른 목표가 있을 것이고, 자녀를 키우고 있다면 그 안에서 또 다른 목표가 있을 것이다. 어떠한 경우에도 '성공'보다, 이루고자 하는 목표에 부합하는 단어가 있지 않나. 그 단어로 인생 목표를 삼으란 말이다. 나는 부자가 목표였고, 그 목표를 이

됐다. 이 책은 돈에 관한 책인 만큼 돈에만 집중하여 이야기를 할 것이다.

그렇다면 부자로 가는 길은 어떤 길이 있을까? 성공이라고 하자면, 일찍 일어난다, 반드시 이뤄진다는 믿음을 가져야 한다 등 온갖 듣기 좋은 뜬구름 잡기식의 말이 있겠지만, 목표가 부자라고 하면 좀더 구체적으로 보이게 된다.

현재보다 돈을 더 벌 수 있는 방법은

① 높은 연봉의 직장인

② 사업이나 장사

③ 직장(또는 사업)과 병행하며 투자

④ 부자로 태어나기

이 네 가지 방법밖에 없을 것이다.

그런데 이 책을 손에 쥔 독자님은 아마도 ①과 ④는 아닐 것으로 본다. (죄송) 나의 경우는 ③을 성공적으로 해냈고 그를 바탕으로 ②와 ③을 함께 하고 있다. 현재 ②와 ③을 통해 연 10억 원가량의 수입 (세금 포함)을 올리고 있으니 이에 대한 경험담을 전하고자 한다. 참고로 내 회사 보보스부동산연구소의 기업 신용정보를 열람해보면 매출과 손익이 다 나온다. (www.saramin. co.kr에서는 간단한 재무정보는 무료로 제공하기도 한다. 캡처하여 책에 붙이고 싶었지만 저작권 문제가 있을 수 있다.) 또한 개인소득도 최근 3년 것을 아래 사진에 첨부해 두었다. 의심이 드는 분이 있다면 회사 재무제표도 언제든 보내드릴 수 있다.

난 이 책에서, 회사를 다니며 어떻게 투자를 했는지 그리고 학원 사업은 어떻게 해 왔는지 상세히 기술하려 한다. 별 대단한 수입은 아니지만 이 정도는 부모 도움 없이도, 똑똑한 머리 없이도, 진득하게 하는 일을 해가며 돈 공부를 한다면 얼마든지 달성 가능한 목표라는 것을 말하고 싶다. 엄청난 부자를 꿈꾸는 이가 아니라면 내 경험담이 도움이 될 것을 기대하면서. 참고로 이 정도면 대한민국 부자 순위 상위 1%와 0.1% 중간 어디쯤인 것 같다. 돈 자랑을 하려는 것이 아니다. 성공을 한 뒤 책을 내는 것이 아닌, 책으로 유명세를 얻은 뒤 성공팔이, 부업팔이로 성공하는 이들을 더러 보았기 때문에 나는 그렇지 않음을 보이려 하는 것이다.

■ 최근 5년 간 개인 소득금액증명(1)

(1 / 5)

발급번호	소 득 금 액 증 명		처리기간
2974-670-0253-824	(2024년 귀속)		즉　시
성　명　김종율		주민등록번호	770116-*******
주　소　경기도 용인시 **** **** **** ****			

◇ 종합소득세 신고(결정 · 경정) 현황　　　　　　　　　　　　　　　　　　(단위 : 원)

구　분	종합과세							분리과세	총 결정세액
	이자	배당	사업	근로	연금	기타	합계		
수입금액	0	0	104,143,430	143,826,669	0	0	247,970,099		32,551,676
소득금액	0	0	27,249,132	128,200,136	0	0	155,449,268		

- 종합과세 소득금액은 이월결손금을 공제하지 않은 금액임
- 분리과세 : 종합소득세 신고(결정 · 경정)한 분리과세 소득(2천만원이하 주택임대소득과 계약금이 위약금 · 배상금으로 대체된 기타소득)의 수입금액 및 소득금액의 합계액
- 총 결정세액 : 종합과세와 분리과세의 결정세액 합계액

◇ 연말정산(지급명세서 제출) 현황　　[※ 종합소득세 신고(결정, 경정) 현황에서 종합과세된 소득이 있는 경우 미기재]　　(단위 : 원)

구　분	소득발생처		지급받은 총 액	소득금액	총 결정세액	비고
	법인명(상호)	사업자등록번호				

(납세자가 신청한 증명 귀속연도 : 2020. ~ 2024.)
위와 같이 증명합니다.

※ 위 내용은 발급일 현재 상황으로서 추후 변경될 수 있습니다.

2025년 12월 28일
용인세무서장　(인)

(2 / 5)

발급번호	소 득 금 액 증 명		처리기간
2974-670-0253-024	(2023년 귀속)		즉　시
성　명　김종율		주민등록번호	770116-*******
주　소　경기도 용인시 **** **** **** ****			

◇ 종합소득세 신고(결정 · 경정) 현황　　　　　　　　　　　　　　　　　　(단위 : 원)

구　분	종합과세							분리과세	총 결정세액
	이자	배당	사업	근로	연금	기타	합계		
수입금액	0	0	61,655,435	129,600,000	0	13,288,230	204,543,665		27,315,657
소득금액	0	0	18,875,216	114,258,000	0	5,315,292	138,448,508		

- 종합과세 소득금액은 이월결손금을 공제하지 않은 금액임
- 분리과세 : 종합소득세 신고(결정 · 경정)한 분리과세 소득(2천만원이하 주택임대소득과 계약금이 위약금 · 배상금으로 대체된 기타소득)의 수입금액 및 소득금액의 합계액
- 총 결정세액 : 종합과세와 분리과세의 결정세액 합계액

◇ 연말정산(지급명세서 제출) 현황　　[※ 종합소득세 신고(결정, 경정) 현황에서 종합과세된 소득이 있는 경우 미기재]　　(단위 : 원)

구　분	소득발생처		지급받은 총 액	소득금액	총 결정세액	비고
	법인명(상호)	사업자등록번호				

(납세자가 신청한 증명 귀속연도 : 2020. ~ 2024.)
위와 같이 증명합니다.

※ 위 내용은 발급일 현재 상황으로서 추후 변경될 수 있습니다.

2025년 12월 28일
용인세무서장　(인)

■ 최근 5년 간 개인 소득금액증명(2)

(3 / 5)

발급번호	소득금액증명		처리기간
2974-670-0253-824	(2022년 귀속)		즉 시
성 명	김종율	주민등록번호	770116-******
주 소	경기도 용인시 **** **** **** ****		

◇ 종합소득세 신고(결정 · 경정) 현황 (단위 : 원)

구 분	종합과세							분리과세	총 결정세액
	이자	배당	사업	근로	연금	기타	합계		
수입금액	0	0	65,356,600	134,395,100	0	294,915,231	494,666,931		72,165,163
소득금액	0	0	22,116,810	118,957,198	0	117,966,093	259,040,101		

- 종합과세 소득금액은 이월결손금을 공제하지 않은 금액임
- 분리과세 : 종합소득세 신고(결정 · 경정)한 분리과세 소득(2천만원이하 주택임대소득과 계약금이 위약금 · 배상금으로 대체된 기타소득)의 수입금액 및 소득금액의 합계액
- 총 결정세액 : 종합과세와 분리과세의 결정세액 합계액

◇ 연말정산(지급명세서 제출) 현황   [※ 종합소득세 신고(결정, 경정) 현황에서 종합과세된 소득이 있는 경우 미기재] (단위 : 원)

구 분	소득발생처		지급받은 총 액	소득금액	총 결정세액	비고
	법인명(상호)	사업자등록번호				

(납세자가 신청한 증명 귀속연도 : 2020. ~ 2024.)
위와 같이 증명합니다.

※ 위 내용은 발급일 현재 상황으로서 추후 변경될 수 있습니다.

2025년 12월 28일

용인세무서장 (인)

(4 / 5)

발급번호	소득금액증명		처리기간
2974-670-0253-824	(2021년 귀속)		즉 시
성 명	김종율	주민등록번호	770116-******
주 소	경기도 용인시 **** **** **** ****		

◇ 종합소득세 신고(결정 · 경정) 현황 (단위 : 원)

구 분	종합과세							분리과세	총 결정세액
	이자	배당	사업	근로	연금	기타	합계		
수입금액	0	0	213,326,393	186,522,400	0	0	399,848,793		71,994,701
소득금액	0	0	90,989,290	170,041,952	0	0	261,031,242		

- 종합과세 소득금액은 이월결손금을 공제하지 않은 금액임
- 분리과세 : 종합소득세 신고(결정 · 경정)한 분리과세 소득(2천만원이하 주택임대소득과 계약금이 위약금 · 배상금으로 대체된 기타소득)의 수입금액 및 소득금액의 합계액
- 총 결정세액 : 종합과세와 분리과세의 결정세액 합계액

◇ 연말정산(지급명세서 제출) 현황   [※ 종합소득세 신고(결정, 경정) 현황에서 종합과세된 소득이 있는 경우 미기재] (단위 : 원)

구 분	소득발생처		지급받은 총 액	소득금액	총 결정세액	비고
	법인명(상호)	사업자등록번호				

(납세자가 신청한 증명 귀속연도 : 2020. ~ 2024.)
위와 같이 증명합니다.

※ 위 내용은 발급일 현재 상황으로서 추후 변경될 수 있습니다.

2025년 12월 28일

용인세무서장 (인)

■ 최근 5년 간 개인 소득금액증명(3)

(5 / 5)

발급번호	소 득 금 액 증 명		처리기간
2974-670-0253-824	(2020년 귀속)		즉 시
성 명　김종율		주민등록번호	770116-******
주 소　경기도 용인시 **** **** **** ****			

◇ 종합소득세 신고(결정 · 경정) 현황　　　　　(단위 : 원)

구 분	종합과세							분리 과세	총 결정세액
	이자	배당	사업	근로	연금	기타	합계		
수입금액	0	0	72,350,601	152,800,000	0	27,442,190	252,592,791		48,753,867
소득금액	0	0	36,732,334	136,994,000	0	10,976,876	184,703,210		

• 종합과세 소득금액은 이월결손금을 공제하지 않은 금액임
• 분리과세 : 종합소득세 신고(결정 · 경정)한 분리과세 소득(2천만원이하 주택임대소득과 계약금이 위약금 · 배상금으로 대체된 기타소득)의
　　　　　수입금액 및 소득금액의 합계액
• 총 결정세액 : 종합과세와 분리과세의 결정세액 합계액

◇ 연말정산(지급명세서 제출) 현황　[※ 종합소득세 신고(결정, 경정) 란앞에서 종합과세된 소득이 있는 경우 미기재]　(단위 : 원)

구 분	소득발생처		지급받은 총 액	소득금액	총 결정세액	비고
	법인명(상호)	사업자등록번호				

(납세자가 신청한 증명 귀속연도 : 2020. ~ 2024.)

위와 같이 증명합니다.

※ 위 내용은 발급일 현제 상황으로서 추후 변경될 수 있습니다.

2025년 12월 28일

용인세무서장　(인)

■ 2025년 12월 현재 보보스부동산연구소의 나이스기업분석보고서 일부

01. 기업요약

(주)보보스부동산연구소　787-86-00514

기업개요

기업명	(주)보보스부동산연구소	대표자명	김종율
사업자번호	787-86-00514	법인번호	134511-0302733
설립일자	2016.10.07	개업일자	2016.10.07 (폐업일자 : -)
창업일자	-	기업공개일자	-
기업 형태	중소기업, 일반	소속그룹명	-
종업원수	-		
본사 주소	(06239) 서울 강남구 테헤란로8길 25, 3층 1호 Tel: - / Fax: -		
주요상품	온라인 교육학원		
표준산업분류	(P85503)온라인 교육 학원		

주요 손익현황

주요 재무상태

주요 재무 현황

(단위: 백만원, %)

결산일자	감사의견	자산총계	부채총계	매출액	영업이익	영업이익률	순이익률
2024.12.31	-	5,057	1,868	1,870	553	29.57	27.96
2023.12.31	-	2,771	104	2,154	640	29.75	18.22
2022.12.31	-	2,504	230	2,474	765	30.93	24.71

신용등급

기업평가등급	WATCH등급	현금흐름등급
BBB-	정상	CF3
(평가 일자) 2025.04.29 (재무 일자) 2024.12.31	(기준 일자) 2025.04.29	(재무 일자) 2024.12.31

작년 기준 자산이 50억 원이고 부채가 18억 원이 좀 넘게 있다고 나오는데, 그럼 순자산이 30억 원 정도라고 예측할 수도 있으나 그렇지 않다. 이 돈이 거의 모두 부동산 투자에 쓰여 제법 가격이 올랐는데, 장부 가치로는 매입 당시 원가로 책정되어 있기 때문이다. 그리고 아이들과 합작 법인으로 만든 법인의 재산과, 개인 명의의 부동산도 좀 있는데 그건 공개하기 불편하여 생략하였다.

돈 찌는 체질부터 만듭시다!

한 방송에서 피겨선수 김연아는 '무슨 생각을 하며 (운동을) 하냐?'라는 물음에 "무슨 생각을 해. 그냥 하는 거지"라는 답을 했다. 성공한 사람에게 그 일을 어떻게 그리 해냈냐고 물어보면 거의 대부분이 이와 비슷한 대답을 한다. 막노동을 하며 대입 공부를 해서 서울대 인문계 수석을 한 장승수라는 분은, '공부가 가장 쉬웠어요'라는, 듣는 지방대생 빡치는 이야기를 하였다. 또 현대그룹의 故 정주영 회장님은 그날 해야 할 일로 흥분되어 새벽 일찍 잠에서 깬다는 홀딱 깨는 말씀을 하시곤 했다.

(※ 이후 변호사가 된 장승수는 2022년 어느 언론사와의 인터뷰에서, 공부가 가장 쉬웠다고 한 것이 아니라 즐거웠던 것 뿐이라는 말로 그전의 말을 정정해, 지방대 출신인 나를 또 한 번 화나게 만들었다. 어떻게 공부가 즐거울 수 있지…?)

그냥 하는 걸로 올림픽 금메달을 딴 김연아나, 즐거워서 공부한 장승수 변호사나, 현대그룹을 일군 정주영 회장님이 과연 거짓말을 하는 것일까? 그렇진 않을 것이다. 앞서 언급하였듯이 성공한 사람들은 그냥 자신에게 주어진 일을 잘하고 즐겁게 한 사람들이다. 대부분 그렇다. 힘들고 적성에도 안 맞는데 뭔가 비전이 있어 보여 꾸역꾸역 해낸 걸로 특출난 성취를 만들어 내는 이는 그리 많지 않다. 그러나 그들에게도 반드시 공통점은 있었을 것이다. 바로 처음엔 재미없고 하기 싫었고 대안이 없어 한 것이었을 것이다.

나는 대부분의 사람이 '적성에 맞는 일'을 찾아야 한다는 것에 그다지 동의하지 않는다. 모든 일이, 손에 익을 때까지는 어렵고 하기 싫은 법이다. 그러나 그 순간만 지나면, 그 일만큼 쉬운 일이 없다. 나의 경우 10명 남짓 있는 술자리에서 건배사도 잘하지 못하는데, 천 명이 넘는 대학 대강당에서 강의는 전혀 떨지 않고 잘하곤 한다. 물론 처음부터 그랬던 것은 아니다. 대학 시절, 거의 1년간 서울에 있는 스피치 학원을 다녔고, 그를 통해 남 앞에 마이크를 잡고 서는 것에 두려움을 없앤 덕이 컸다. 그리고 그걸 반복적으로 자주 하니 금세 강연이 즐거워졌고, 다른 강사들과 함께하는 큰 강의 자리에선 내 차례가 기다려지기까지 한다. 물론 긴장 같은 건 전혀 없다.

여기서 나는, 지금 부자가 되려면 일을 즐겁고 잘할 수 있을 때까지 진득하게 하라는 말을 하고자 하는 것이 아니다. 부자도 이와 마찬가지라는 것이다. 사업이나 투자로 돈을 벌고 싶다면 사업이나 재테크 공부에 앞서, 그런 일을 꾸준히 해도 즐거울 만큼 적성을 빌드업해야 한다. 이른바 '돈 찌는 체질'을 만들라는 말이다.

앞에서 언급하였듯이 현실적으로 돈을 더 벌 수 있는 방법은 부업을 포함하여 몸값을 올리거나 투자로 돈을 버는 것 외엔 답이 없다. 그런데 부업을 하든, 투자로 돈을 좀 불리려 하든, 꽤나 긴 인고의 시간이 필요하다. 투자로 돈을 버는 것보다 어려운 것은 굴릴 만한 종잣돈을 모으는 것이고, 종잣돈을 모으는 과정에서 대개 실패하는 이유가 바로 돈 찌는 체질을 만들지 못하였기 때문이다.

만약 당신이 모아놓은 돈은 별로 없는 미혼에 연봉은 5천만 원쯤 된다고 해보자. 그럼 월 실수령액이 360만 원 전후일 것이다. 한 달에 얼마나 모을 수 있겠나? 정말 쥐어짜고 산다면 300만 원도 모을 수 있을 것이다. 그럼 몇 달간 그렇게 모을 수 있겠나? 온 천지가 SNS다. 친구와 카톡을 하다 해외여행을 간 사진을 보거나, 꽤 괜찮은 차나 핸드백, 옷 등을 산 걸로 친구가 자랑하면 몇 개월이고 몇 년이고 꾹 참고 300만 원씩 모을 수 있을까? 나는 어려울 것이라 본다. 대부분 사람의 의지는 다 거기서 거기다.

그런데 당신이 돈 공부가 되어 있다면 어떨까? 예를 들어 돈이 별로 없는 데도 부동산 경매에 대해 공부하여 한 3천만 원은 있어야 소액 투자를 할 수 있다는 것을 배운 뒤 1년에 3천만 원 모으는 것을 목표로 하고 있다면 어떨까? 그럼 한 달에 250만 원씩 모으면 되는데, 3천만 원을 굴려서 3년쯤 뒤에 6천만

원으로 돌려 받을 자신이 있다면 매월 250만 원씩 모으는 과정이 그리 힘들지 않을 것이다.

주변 친구들은 비싼 옷을 입고 해외여행도 즐겨하는데 못하는 나 자신이 비참하게 느껴질 것 같은가? 그건 나 스스로가 내 인생에 돈에 대한 꿈과 비전을 심어주지 못해서 생긴 것이다. 내가 3천만 원 정도의 돈만 모아서 굴릴 수 있단 계산이 들면 '나는 더 나은 미래를 위해 지금 잠시 희생하는 비전 있는 사람'이라는 생각에 도취되어 그리 힘들지 않게 그 시기를 지날 수 있게 된다.

나는 대학을 다니던 내내 반지하 살이를 했었다. 그러면서도 알바를 참 많이 했었는데, 그렇게 노력을 했음에도 불구하고, 서울에서 직장 생활을 시작할 때 또다시 반지하 살이를 면치 못했다. 서초구 방배동 451-32번지(다솜놀이방이 있는 단독주택)의 지하에서 직장생활을 했는데, 4가구가 공동으로 쓰는 화장실이 집 밖에 있었고, 외부 창은 북쪽에 조그만 것이 하나 있었는데 그마저도 곰팡이가 심해 환풍기를 달아, 거의 볕이 들지 않는 그런 집이었다. 나는, 내가 그 집에 살면서 불굴의 의지로 지금 경제적 여유를 갖췄다고 말하려는 것이 아니다. 거듭 말하지만 나는 살빼는 것도 못하는 그런 의지박약인 사람이다. 다만 대학을 다니면서부터 지속적으로 해 왔던 돈 공부의 힘을 본 것에 지나지 않는다.

내가 갖고 있던 얼마간의 여유자금은 항상 수익이 불어나는 곳에 넣어야 했기 때문에 전세보증금으로 깔고 있을 수가 없었다. 돈은, 미래를 위해 써야 한다는 확고한 철학이 있었기 때문에 그런 집에 살아도 하나도 부끄럽지 않았고, 오히려 매월 불어나는 자산규모에 행복하기만 했다.

나에겐 더 재밌는 에피소드도 있다. 어릴 적부터 어떻게 하면 부자가 될 수 있을까 고민을 많이 했던 나는 부자가 될 방법이 장사밖에 생각나지 않았다. 그래서 고등학교 3학년이던 당시 무작정 논노패션 대리점 모집 설명회에 참석한 경험이 있다. 고등학생인 내가 전화로 먼저 신청하였는데 당연히 입구에서 컷당했다. 하지만 나는, '저는 반드시 장사를 할 사람이니 미래의 고객을 이렇게 대하지 마세요'라고 하였고 그 모습을 본 직원 한 분(이름과 직함이 신종관 대리였던 것으로 기억한다.)이 웃더니 들여보내

주었다. 지금 생각해 보면 교복이 아니라 nico-boco (당시 논노패션의 스포츠 패션 브랜드)라도 입고 갔어야 했는데 센스가 부족했단 생각이 든다.

　이날 이후로 나의 꿈은 2,900만 원을 모으는 것이었다. 왜냐면 논노패션 대리점을 하려면 최소 2,900만 원을 본사에 납부해야 했기 때문이었다. 점포 보증금과 권리금이 얼마나 되는지 알 리가 없던 나는 오로지 빨리 2,900만 원을 모아야 한단 생각뿐이었다. 그런 내가 무엇을 했을까? 고등학교 졸업을 하기도 전에 봉제 공장에서 근무했다. 완성이라는 부서였는데 완성된 옷을 다림질하고, 포장되어 컨베이어 벨트를 타고 온 옷을 사이즈별로 분류하고 작은 박스에 넣고 (inner box라고 하였다) 이를 48개쯤 큰 박스 (carton box라고 하더만)에 넣어 창고에 적재하는 일을 하였다. 지금은 섹시하고, 근력도 제법 좋단 소리를 듣지만, 당시엔 어찌나 근력이 약한지 큰 박스를 제대로 어깨까지 들어 올리지를 못했다. 힘이 약하단 이유로 온갖 욕이란 욕을 먹으며 일했지만 단 한 번도 처지를 비관하지 않았다. 친구들은 운전 면허를 따거나 수능이 끝나고 놀기 바빴지만, 나는 꿈을 키우고 있기 때문에 행복하기만 했다. 그리고 그렇게 번 돈은 10원도 남김

없이 새마을금고 출자금 통장에 차곡차곡 예금하였다.

이후에도 참 많은 기업가나 창업, 장사에 대한 책을 읽었으며 군대에선 월간 장사꾼(창간 당시에는 월간 '비즈니스'였다)이라는 창업정보지를 매월 구독하기도 하였다. 대학을 다니다 군대를 간 일병-상병이 이 무슨 뚱딴지같은 짓인가 싶겠지만 나는 그런 책을 읽으며 훗날 이런저런 장사로 돈을 벌 상상을 하게 되어 정말 행복했다.

대학을 다니면서도 영어 과외를 비롯한 많은 아르바이트를 했는데 정말 돈을 잘 모았다. 대학생인데 생활비를 쓰고도 매달 50만 원 이상을 모았다. 그리고 모은 돈 중엔 아파트 청약저축도 있었고, 주식 투자로 쓰는 돈도 있었다. 이 의지 약한 사람이 그렇게 많은 알바를 하고 그 돈으로 유흥이나 좋은 옷, 차 따위를 쓰는데 돈을 쓰지 않고, 꾸준히 모을 수 있게 해준 것은 다름 아닌 일찍 시작한 돈 공부 덕분이었다. 그 무렵 내가 자주 했던 말 중에 하나가 '씨앗은 처먹는 게 아니다'란 말이었다. 친구들보다 분명 좋은 옷도, 좋은 물건도 하나 없었지만, 나는 전혀 기죽지 않고 당당할 수 있었다. 물론 163cm의 키에 좋은 옷을 입어

봐야, 태도 나지 않고, 좋은 음식을 먹어봐야 키도 크지 않을 것이기에, 오로지 매월 커가는 꿈만 좇으며 살 수 있었다.

당신이 돈을 벌고 있다면 당장 돈 공부를 시작하라. 그래야 돈 찌는 체질이 될 수 있고, 그래야 쓰고 싶은 걸 참고 이겨 낼 힘이 생긴다. 지금 보내는 인내의 시간을 통해 꿈을 이룰 수 있단 생각이 들어야 꾸준히 오랫동안 할 수 있기 때문이다. 마치 김연아가 '무슨 생각, 그냥 하는 거지'라고 하듯이.

여친(또는 남친)이
돈 없는 나를 싫어한다면?

열심히 돈 공부를 하여 돈 찌는 체질을 만들
어 갈 때 가장 큰 걸림돌은 뭘까? 남자나 여자나 미혼이라면 당
연히 여친 또는 남친일 것이다. 특히 남자의 경우 여자에게 돈
이 좀 있어 보여야 자신에게 호감을 갖는다고 생각하니, 자기 주
머니 사정보다 좋아 보이게 치장하고 싶을 것이다. 그렇다고 꿈
을 위해 그 젊은 시간에 여친이나 남친 없이 지낼 수도 없을 것
이고.

이럴 때도 돈 공부를 해 두면 아주 효과적이다. 우선 알아야

할 것이 있다. 대개 여자는 가난한 남자를 싫어할 것이라 생각하는데 이는 틀렸다. 대개의 여자는 지금도 가난한 색히가 앞으로도 가난할 것 같으니 싫어하는 것이다. 즉 돈이 아닌, 비전이 없는 남자가 매력이 없다는 것이다. 그러니 지금 가난해도 돈 공부를 하여 이런 말을 할 수 있으면 된다.

"자기야. 내가 지금은 돈을 버는 족족 투자자금을 만들려고 저축을 하고 있어. 지금은 좀 여유 있게 돈을 쓰지 못하지만 1년, 2년 지나면 오빠는 점점 좋아질 거야."

그러면서 데이트를 할 때도, 서점 같은 데를 가서 재테크 책을 함께 골라 보고 책에 대한 내용을 서로 공유하면 참 좋다. 돈도 별로 들지 않지만, 남자가 참 비전 있어 보이기 때문이다. 만약 이러는 것이 먹히지 않고 핸드백이나 사달라고 하는 여친이 있다면, 아마 수학 1타 강사 정승제 선생님은 이런 말을 할 것이다. '답이 없다' 그런 비전을 공감하지 못하고 가스라이팅도 먹히지 않는 사람이면 애초에 연을 맺지 않는 것이 나을 수 있다. 특히 그 여자(또는 남자)의 집이 부유하지 않은데도 정신상태가 그러하다면 더더욱 헤어지는 것이 당신이 부자가 되는 데 도움이 된다.

가끔 미래를 위해 돈을 모아야 한다고 할 때 '절대 차를 사지 마라' 또는 '꼭 사야 한다면 굉장히 저렴한 중고차를 사라'라고 권해왔다. 나도 점포 개발이라는, 차가 꼭 필요한 외근 업무를 맡고 있었기에 중형 세단을 하나 뽑기는 했다. 엔카에서 중고차로 120만 원 주고 산 레간자였는데, 장애가 있는 아버지 명의로 택시로 이용되던 LPG 부활차였다. 얼마나 많은 사람이 타고 내렸던지 주유소에서 터널 세차기에 세차를 하면 조수석 뒷자리는 문 틈새로 물이 들어오는 차였다. 그래서 골탕 먹이고 싶은 이가 있다면 조수석 뒷자리로 모실 수 있는 기막힌 차였는데, 평소에는 비가 새지 않으니, 평소엔 꽤나 점잖고 정숙한 차였다.

그렇다면 그런 반지하 살이를 하며 물 새는 차를 타고 다녔던 당시의 나는 여친이 있었을까? 책의 신뢰성도 중요하지만, 현재 가정에 지켜야 할 평화가 있기 때문에 노코멘트하겠다.

부자에도 자격증과 합격점이 있다면

　　어느 정도의 돈이 있어야 부자일까? 그것은 얼마를 벌고 있느냐(매월 수입은 적은데 재산만 있다면 재산이 매우 많아야겠지만, 연간 2억 원 이상을 벌고 있다면 재산이 좀 적어도 경제적 어려움은 크게 느끼지 않을 것이니) 어디에 사느냐, 얼마나 소비를 하느냐, 나이가 얼마나 되느냐등 많은 요소를 함께 고려해야겠지만, 40대 가장 기준으로 연소득 2억 원 또는 순자산 30억 원 이상이면 부자라 할 수 있지 않을까? 이는 급여로도 상위 1%, 자산으로도 상위 1%에 근접한 금액이다. 부자라고 하면 수백억 원이 있어야 한다고 여기기 쉬운데 상위 1%가 이 정도밖에 되지 않는다.

(부자의 자격이 아니라) 부자에 대한 자격증이 있다면 합격점이 있지 않겠나? 그리고 부자 되기에도 기출 문제가 있고 빈도가 높은 문제, 가점이 높은 문제가 있지 않겠나? 이 책을 읽는 당신이 부자가 되는 것도 자격증이라 생각해, 기출 문제 위주로 빈도가 높고 가점이 높은 것 위주로 스스로를 단련하여 쉽게 합격하길 바라는 마음이다. 공인중개사 같은 시험에 도전하여 집도 직장도 내팽개치고 긴 시간을 오로지 그 공부에만 매달려 거의 만점으로 합격한 이를 보면 어떤 생각이 드나? 나는 그런 사람을 보면 '참 쓸데없는 데 목숨 건다'라는 생각이 든다. 시험은 그냥 합격만 하면 된다. 부자도 마찬가지다. 100점짜리 또는 0.01%의 부자가 되려고 빈약한 의지를 불태우다 포기하지 말고, 기출 문제나 가점이 높은 것 위주로 공부하고 마인드를 쌓고 습관을 들여, 연소득 2억 원 내지 순자산 30억 원에 안착하길 바란다.

연소득 2억 원 또는 순자산 30억 원이라고 하니 어떤가? 해볼만 하지 않나?

당장 손에 잡히는 금액은 아니지만 돈 굴리길 조금만 잘하면 달성 가능해 보이지 않나?

앞서 프롤로그에서도 잠시 언급했지만 나는 나는 내 인생에서 가장 감격스러웠던 순간을 《세이노의 가르침》의 저자 세이노 선생님을 직접 뵈었던 때로 꼽는다. 기독교인이 하나님을 만난 만큼 내게는 절대자를 만난 것이기에 어마어마한 영광이고 감동이며 축복 같은 시간이었다. 이 외에도 CJ올리브영 이선정 대표, 한국 복싱 동메달리스트 조준호 선수, 지금은 사이가 틀어졌지만 중고등학교 과정을 검정고시로 거치고 사법시험에 합격한 K 변호사님 등 주변에 성공했다 싶은 분들은 죄다 내가 도저히 해낼 수 있을 거 같지 않은 노력을 한 분들이었다. 그러나 선생님을 뵙고 온 당일 저녁은 그리 마음이 좋지만은 않았다.

하지만 나는 애초에 이런 성공자들처럼 0.001%의 부자나 성공을 꿈꾸지 않았다. 그렇기에 여러 성공자들께서 해 주신 말씀 중 내가 할 수 있는 것, 내 나름의 생각으로 중요하고, 부자 되기에 관련성이 높은 것 위주로 꾸준히 행하여 왔다. 그것이 지금의 나를(대략 연간 10억 원쯤 벌고 자산도 어느 정도 갖추어 여유 있게 부자에 합격한 사람)만들어 준 것이다.

이 책은, 저자인 나 스스로를 돋보이게 하려 하지 않을 것이고, 대단한 무언가를 실행해야 부자가 된다고 하지도 않을 것이다. 그리고 엄청난 부자가 되는 스킬을 알려주려 하지도 않을 것이다. 나는 신입사원 때 허구한 날 꾸지람을 들으며 심지어 선배에게 '품행제로'라는 별명을 듣기도 했다. 심지어는 전날 마신 술로 아침에 일어나지 못해 회사 선배가 자취방까지 깨우러 오는 일도 더러 있었다. 게다가 이런 책을 감히 내도 되나 싶을 만큼 작은 부자에 불과하다. 다만 어려운 시험을 남들보다 적은 노력으로, 1등은 못 했지만 합격한 이가 있다면, 나름의 노하우는 있지 않겠나. 나는 그 이야기를 하고 싶다.

그렇다면 당신이 지금 서른 살쯤인데 40대 중반에 부자, 연소득 2억 원 또는 순자산 30억 원을 달성하려면 어떻게 해야 할까? 일단 부자가 되는 것은 3년이 세 번, 즉 9년은 흘러야 가능하다. 일단 나나 독자 당신이나 둘 다 의지는 빈약하고 회사에선 욕이나 얻어먹기 일쑤인 보통 사람이라 가정해 보자. 그럼 우리 같은 똥대가리들은 단기간에 엄청난 아이디어로 수직 부자가 되는 일은 없다는 것을 받아들여야 한다. 그러니 단기에 부자 될 생각은 접고 3년마다 좋아지며, 9년이 될 때 마침내 부자에 합격한다는 생각으로 임해야 할 것이다. 똥대가리님, 실망스러우신가? 절대 그러지 마라. 대신 중도 포기하지 않을 정도로 느슨한 목표를 잡되, 빈도가 높은 목표만 잡았다면 매년 조금씩 나아질 것이기 때문이다. 그리고 그 나아짐이라는 것이 변곡점을 지나면 그 전과 다르게 가파르게 좋아질 것이다. 투자 공부를 꾸준히 하며 3년 정도 했을 때 내는 수익률과 3년이 3번 구른 9년쯤에 내는 수익률은 크게 다른 것이며 굴리는 돈의 규모 또한 훨씬 커졌을 것이기 때문이다.

당신이 연봉 5천만 원쯤 되는데, 돈 공부를 병행하며 2년간 저축을 하여 2년 내 5천만 원 정도의 종잣돈을 모았다고 가정해 보자. 이제는 경매로 작은 투자를 할 수 있게 될 것이다. 5천만 원을 투자한 것이 2~3년이면 1억 원 정도의 돈으로 커져 있을 것이다. 그러는 동안 돈을 계속 모으고 투자 공부도 지속하여 왔다고 가정해 보자. 그럼 이제는 1억 3천만 원 내외의 투자금이 생겼을 것이다. 이를 또 투자하면? 지속하여 공부했으니 이제는 더 수익이 좋은 곳에 투자하지 않을까? 그리고 이를 9년 정도 지속한다면? 그럼 스스로가 부자에 성큼 다가가고 있음이 느껴질 것이다. 물론 지금 이 글을 읽는 동안은 나를 사기꾼이라 여길 것이고, 불가능한 이야기라고 여길 것이다.

2009타경38956 ① ・부산지방법원 본원 ・매각기일 : 2010.06.07(月) (10:00) ・경매 17계(전화:051-590-1837)

소 재 지	부산광역시 사상구 덕포동 407-1 도로명검색 D 지도 N 지도 G 지도 주소 복사			

오늘조회: 1 2주누적: 0 2주평균: 0 조회동향

물건종별	주택	감 정 가	209,737,780원
토지면적	165.6㎡(50.09평)	최 저 가	(51%) 107,386,000원
건물면적	202.76㎡(61.33평)	보 증 금	(10%) 10,738,600원
매각물건	건물전부, 토지지분	소 유 자	송○○
개시결정	2009-09-15	채 무 자	송○○

구분	매각기일	최저매각가격	결과
1차 ②	2010-03-08	209,737,780원	유찰
2차	2010-04-06	167,790,000원	유찰
3차	2010-05-07	134,232,000원	유찰
4차	2010-06-07	107,386,000원	

③ 매각 : 122,800,000원 (58.55%)

(입찰6명,매수인:부산시 해운대구 반여동 유○○ / 차순위금액 116,130,000원)

매각결정기일 : 2010.06.14 - 매각허가결정

위 경매사건은 내가 GS리테일 재직 당시 대리로 근무하던 때 낙찰받은 물건이다. (명의는 모친) 서울에서 직장생활을 하던 내가 부산을 알면 얼마나 잘 알아서 했을까? 이 책이 부동산 경매에 대한 내용이 주된 것이 아니니 위 물건에 대해 간략히만 설명하고자 한다. ①은 사건번호로 혹시나 경매를 좀 아시는 독자분이 있다면 검증 차원에서 보시라고 한 것이다. ②는 감정가격인데 법원 경매로 이 물건이 진행될 당시 법원의 감정평가사는 이 물건이 209,737,780원의 가치가 있다고 평가한 것이다. 그런데 이 물건은 권리 관계상 조금 복잡한 것이 있어 (큰 토지를 여러 사람이 지분의 형태로 위치를 지정하여 갖고 있었다. 이를 구분소유적 공유지분이라 한다) 최저가 107,386,000원까지 유찰이 되어 있었다. 운이 좋으면 2억 원이 넘는 집을 1억 원 초반대의 금액으로

■ 2010 주택 매매가 상승 주요 지역

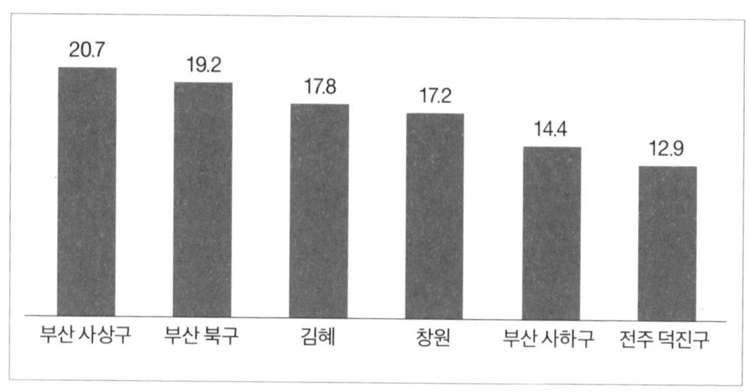

자료 : KB국민은행연구소

도 살 수 있는 기회였다. 그런데 문제의 지분이라는 토지를 들여다보니 구분소유적 공유지분으로 전혀 문제 될 것이 없었다. (자세한 설명은 생략한다.) 거기다 사상구는 인근에 도로, 철도, 산업단지 등의 주택 수요를 늘릴 호재가 많았는데, 추진하기로 했던 강서 신도시가 무산되어 집값 상승이 상당히 예상되는 지역이었다. 그래서 경매 공부 좀 했던 김종율 대리가 모친을 통해 낙찰받았다. 결과는 어땠을까?

2011년 초, KB국민은행연구소에서 실시한 전국 집값 동향에서는, 부산의 사상구가 부산이 아닌 대한민국 전체에서 집값 상승률 1위를 하였다는 조사 결과를 발표했다. 내 어머니가 낙찰받은 그 사상구 말이다. 이 물건에 대한 좀더 상세한 이야기는 뒷장에서 따로 설명하도록 하겠다. 부동산 투자에 관심이 없는 분들은 패스해도 된다.

2010년 부산 사상구 주택에 경매 투자한 이야기

2008년 내가 첫 결혼을 하고 크게 깨달은 것이 있다. 나의 재테크도 중요하지만 부모님의 집을 좀더 좋은 곳으로 옮겨드리고 싶었다. 2010년 설 연휴 당시 차례를 모시던 아버지를 보고 나는 '치매가 왔다'라고 직감을 하여 아버지의 정신이 조금이라도 선명하실 때 좀더 좋은 집으로 옮겨드리고 싶었다. 당시 제사를 엄청 중요하게 여기시던 아버지였는데 차례를 지내던 중 음식을 놓을 자리를 헷갈려하시고 제사 순서도 몰라서 멍하게 서 계시기도 했다. 그걸 보고 바로 알아차렸던 나는 서둘러서 큰 병원으로 아버지를 모셨고 옮길 집도 알아보게 된 것이다.

당시 나는 GS리테일이라는 최고의 유통회사에 근무하고 있었지만 자금이 그리 여유로운 편은 아니었다. 그리고 평생 월세

■ 도시 발전축 구상도

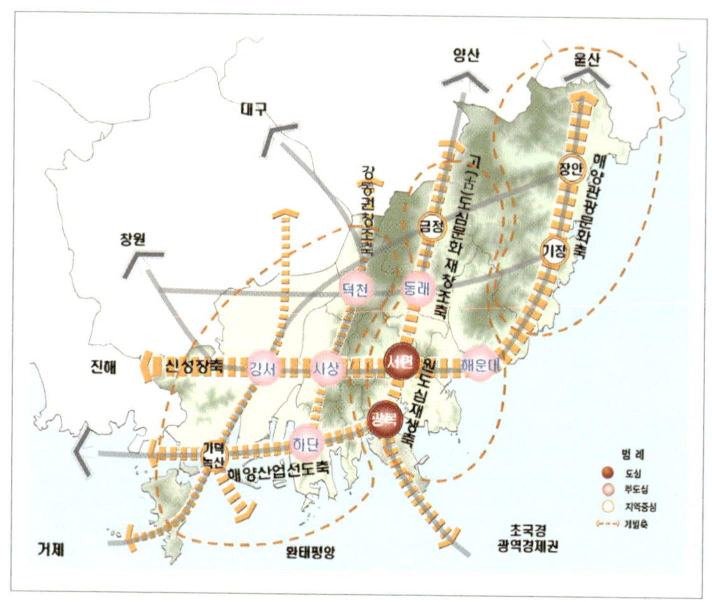

2020년 부산 도시기본계획 상 공간구조와 도시 발전 축의 일부.
2008년에 발표하여 2020년까지 이렇게 부산시를 만들어가겠다는 것이 주된 내용이다.

라는 것을 받아 본 적이 없는 아버지이기에 아래층에서 들어오는 월세를 받는 기쁨을 선사하고 싶었다. 그러기에 적은 돈으로 투자할 수 있는 원룸주택이 타깃이었다. 적은 투자금으로 살 수 있는 원룸, 거기다 장래 가격도 오를 가능성이 높은 곳을 골라야 했다. 부산이라곤 돼지국밥 맛집 위치나 알던 나에게 좀 어려웠다. 결국 부산시 도시기본계획을 보며 처음부터 시작했다.

부산의 발전 축을 보니 부산 사상구가 눈에 들어왔다. 당시는 김해시와 부산시 간 경전철이 공사 중이었는데 종점이 사상구였다. 또 서쪽으로는 남해안 고속도로가 확장공사가 계획되어 있었다. 서쪽 낙동강을 건너에는 경제자유구역 서부산 유통지구와 화전 일반산업단지가 갓 착공한 상태였다. 그리고 이 일대는 원래 사상공단이 커서 원룸의 수요가 많은 곳이기도 했다. 그런데 대개 이렇게 호재가 많은 곳은 주택 공급도 함께 도시계획을 하는데(이를 TOD개발이라 한다. transit oriented development 대중교통 지향 (연계)형 개발이라 하여 교통과 산업단지, 택지지구 모두 함께 들어서는 것을 뜻함) 찾아 보니 어마어마한 호재가 있었다. 바로 인근에 추진 중인 강서신도시가 상당 기간 지연되고 있다는 것이었다.

그렇다면 이 지역은 주택수요는 상당히 늘어날 곳인데, 이에 맞춰 계획했던 주택의 공급은 엄청난 지연 또는 취소가 될 것이 예상되었다. 게다가 당시는 2007년부터 최저임금이 거의 매년 10% 가까이 오르며 공사비가 단기에 급등을 한 후였다. 그렇게 되니 2009년과 2010년엔 부산시 전체의 주택 공급률이 가구 수 대비 1%에도 미치지 못했다. 140만 가구에 달하는 부산시에 새로이 공급되는 주택이 1만 세대도 되지 않으니 부산시 전체가 주택 공급이 적은 것이 눈에 띄었다. 주택 시장이 좋지 않으니 공급이 적었던 것인데 너무 적은 나머지 이렇게 호재가 있는 지역은 기존 주택의 가격이 오를 것이 뻔히 보였다. 게다가 부산 사상구는 주거지로 그리 인기가 있는 곳이 아니니 가격도 싸고 좋았다. 딱 C급 지역이 B급으로 올라올 곳으로 보였다. 이미 B급이 된 곳은 살 돈이 없는데 이 얼마나 좋은 일인가.

그리하여 앞 장의 경매 물건을 어머니 명의로 낙찰받았다. 1억 2,280만 원에 낙찰을 받고 직장 생활을 하고 있는 수원과 부산을 오가며 명도까지 완료하였다. 세입자들도 속썩이지 않고 나갈 집을 다 알아봐 놓은 상태라 손쉽게 명도를 하고 문을 걸어 잠갔다. 이제 집을 좀 수리하고 1층에는 원룸으로 임대를 하고 2층에는 무려 실평수 30평짜리 부모님 집이 생기는 것이었다. 아래층에 원룸이 5개실이 있었는데 여기서 월세 30만 원씩만 받아도 150만 원이니 당시 내 아버지가 대우실업에서 노무자로 근무하며 받은 월급과 비슷한 큰 금액이었다.

그런데 난관은 다른데 있었다. 가족들이 사상구에 거주하는 것을 반대하였다. 이유는 주거 환경이 좋지 않다는 것이고. 내가 군 복무 중 휴가 나왔을 때 어머니께서 '종율이 군대가더니 키가 커져 왔다'라는 말 이후로 가장 어이없는 말이었다. 교통부 철거민 산동네에서 살던 사람들이 산업과 교통의 도시 대(大) 사상구를 폄하하다니! 특히 출가 후 지분이 하나도 없는 여동생의 반대가 가장 강했다.

나는 월세 세팅을 해 놓고 누가 봐도 사고 싶은 좋은 상품으로 만들어 놓고 팔자는 주장을 계엄령을 내리듯 강력하게 했지만 여동생을 비롯한 나머지 가족들은 거의 탄핵주도세력처럼 나를 몰아 붙였다. 결국 내가 손을 들었다. 부동산에 내놓기로 한 것이다. 그렇게 다투는 사이 사상구 집값은 자고 나면 오른단 소리가 나올 정도로 가격이 잘 올랐다. 그러다 결국 그해 말에는 지자체 집값 상승률 전국 1위를 기록하기도 했다. 당연히 차익이 좀 있었다. 한번도 이런 수익을, 그것도 이렇게 단기에 내는 것을 본 적이 없는 가족들은 의아해했다. 당시 9급 공무원이었던 여동생 입장에선 자신의 연봉보다 큰돈이 한 번에 벌리니 제법 놀라는 눈치였다. 그리고 대 사상구는 그 다음해에도 상당한 집값 상승을 보였다. 나는 다정히 여동생에게 말했다.

"깝치지 마라"

다시 생각해 보면 이 집을 단기에 매각한 것도 소기의 효과는 누린 것 같다. 이 일로 부동산 투자에 대한 가족의 신뢰를 한 몸에 받았기 때문이다. 부동산 문제로 의사결정을 할 때 나의 결정에 100% 다 따라 주었기 때문이다. 그리고 사상구 집을 판 돈으로 또 한번 경매에 도전했다. 결과는 해운대구에 화장실이 3개나 있는 대형 평수 아파트를 낙찰받았다. 광안리에서 불꽃놀이를 하면 서로 좋은 자리를 잡겠단 경쟁으로 식당 예약이 굉장히 힘든데 나의 부모님은 거실에서 발코니 너머로 보신다. 그리고 매년 보니 지겹다는 말씀도 하신다…

얼마 전 자금에 여유가 좀 있었던 나는 부산 부모님 아파트 담보대출을 모조리 갚아 버렸다. 이제 융자하나 없는 완벽한 부모님의 집이 된 것이다. 돈 공부를 일찍 시작한 보람이 크게 느껴졌다.

내 의지를 과대평가 말라
- 부자는 기술이 아닌 습관

앞 챕터에서 부자가 되고 싶다면 사뿐히(?) 합격선만 넘으며 된다고 하였다. 절대 만점을 받으려 하지 말 것을 권했다. 내가 그렇게 말을 한 것은 만점 받는 것이 나쁜 것이 아니라 만점 받으려고 하다가 중도 포기하게 될 것을 우려하였기 때문이다. 왜 그럴까? 우리 모두는 '정승아'(정주영, 장승수, 김연아의 합. 나이순)가 되지 못하기 때문이다. 우리 같은 의지박약이 무슨 만점 인생을 산단 말인가. 포기할 것은 포기하고 부자 되기 기출 문제 위주로만 행하자.

내가 입버릇처럼 자주 하는 말 중에 하나가 '부자는 기술이 아니라 습관'이라는 말이다. 긴 시간 노력을 해야 부자가 되는 것이지, 어디서 고가의 투자 기술에 관한 수업 하나 듣는다고 되는 게 아니다. 그런 후킹 가득한 강의 하나 들어봐야 부자가 되는 것은 당신이 아니라 강의팔이 하는 그놈이다. 게다가 우리 같은 의지박약이 긴 시간 동안 정승아처럼 해낸다? 그럴 거면 애초에 내가 쓴 이 책을 지금 보고 있지도 않을 것이다.

자, 우리 같은 의지박약을 위한 장기 플랜을 짜보자. 우선 100m 달리기하듯 완벽한 일주일이나 한 달 계획을 짜서는 안 된다. 쉬어가면서, 놀아가면서, 그렇지만 효율적으로 돈 되는 것은 하나씩 몸에 익혀가며 몇 년 이상의 긴 시간을 보내야 한다. 그러면서도 절대로 직장 내에서 업무를 소홀히 해서는 안 된다. 내 인생의 멘토 세이노 선생님께서는 자기가 맡은 일을 충분히 숙지하여 몸값을 높이고 그다음 재테크 공부를 하라고 하셨다. 물론 맞는 말씀이지만 우리는 의지박약인데 어떻게 해야 할까? 내가 내린 결론은 직장 생활은 평균보다 좀더 잘하는 정도를 유지하되, 투자에 대한 공부도 병행해야 한다는 것이다. 나는 직장 첫해 별명이 품행제로였지만 다음해 우수사원상을 받았고, 그

다음다음해에도 우수사원상을 받았다. 그러면서 주 1회 정도는 꼭 지각을 하였고….

　나의 경우는 이랬다. 우선 직장과 항상 가까운 곳에 집을 얻었다. 이는 GS리테일로 이직을 해서도 마찬가지였는데 당시 근무처가 수원사무소로 정해지자 서울의 집을 아예 수원으로 옮겨버리기도 했다. 이유는 무엇일까? 바로 출퇴근 시간을 줄여세 탕 생활(?)이 가능해지기 때문이다.

　사당역 지하방 살이를 할 때도 직장(한국미니스톱. 지금은 세븐일레븐에 인수합병되었다.)과 걸어서 5분 거리였다.(집 : 방배동 451-32번지, 직장 방배동 475-22번지. 약 420m 거리) GS리테일에 근무하던 당시도 걸어서 10분 정도 거리였다.(집 : 수원시 인계동 319-6 신반포아파트 109동, 직장 : 수원시 우만동 436번지) 이렇게 집 가까이 살면 세탕 인생이 가능해진다. 결혼 전엔 직장을 마치고 집에 가봐야 반겨주는 것이 지하방의 곰팡이뿐이었다. 집에 가면 뭐하나, 바로 도서관이나 서점으로 직행을 하였다. 당시 반포 센트럴시티 영풍문고가 꽤 잘되어 있었는데 나는 거기서 맥도날드 세트를 하나 먹고 서점이 문 닫을 때까지 책을 읽곤 했다. 《한국의 부자들》같은, 두 번은 읽지 않아도 되지만 부자가 되고 싶은 욕심을 길러주는 책을 읽을 때 자주 이용하던 습관이다. 또 책상에 앉아 공부를 해야 할 것이 있다면 숭실대학교 도서관에 가서 대학생들 틈바구니에서 공부했다. 당시 영풍문고도, 숭실대 도서관도 11시 정도면 문을 닫았던 것으로 기억하는데 바로 이 시간부터 하루 3부의 인생이 이어졌다. 하루 열심히 일을 했고 공부도 했으니 그다음 좀 놀아줘야 다음날 일하고 또 공부할 재미가 나지 않겠나? 근처 사는 친한 폐인 형님이나 회사 앞에서 술을 마시고 있는 회사 동료 폐인들과 어울려 술을 즐기며 놀았다. 그것도 아니면 혼자 닭꼬치에 소주 하나 사서 책 좀 보며 술을 마시다 잠들곤 했다. 다음날 출근인데 힘들지 않냐고? 걱정 마시라. 내 최고 기록은 8시 50분에 일어나서도 지각을 하지 않은 적도 있다. (지각을 하지 않았다고만 했지, 씻었다곤 하지 않았음에 주의!)

물론 매일 이렇게 한 것도 아니다. 저녁에 누가 술을 먹자고 하면 바로 술자리로 가기도 했고 영풍문고나 숭실대 도서관이 가기 싫을 때는 대리운전 아르바이트를 하기도 했다. 또 서른한 살까지 집 근처에서 고등학생 영어 과외를 했는데 주중 하루는 반드시 영어 과외를 가야 했다. 이 모든 것이 다 가능했던 것은 집을 회사 코앞에다가 잡아 놓은 덕분이다. 그랬기에 회사 생활, 돈 공부, 술 마시기 모두가 다 가능했다.

당시 도서관과 서점을 나누는 기준은 딱 하나였다. 꽂아 놓고 계속 볼 책인가, 한 번 읽고 그만 둘 책인가.《이웃집 백만장자》,《한국의 부자들》은 정말 꿈이 부풀어 오르게 하는 좋은 책이었지만, 두 번 읽을 일은 별로 없는 책이었다. 부엌도 제대로 갖춰지지 않은 좁디 좁은 반지하에 책까지 쌓아 둘 수가 없어 영풍문고에서 한번 읽고 끝냈다. 재밌는 것은 여기 서서 읽으며 상당한 집중을 하게 되는데 책을 읽는 속도가 사서 집에서 읽는 것보다 빨랐다. 그렇지만 대부분의 투자 관련 책은 사서 읽고 메모도 하고 줄도 쳐 두었다. 지금으로 치면《대한민국 상가투자지도(저자 : 나다)》,《나는 집 대신 땅에 투자한다(저자 : 또 나다)》,《나는 오를 땅만 산다(저자 : 그분 맞다)》 같은 책은 서점에서 읽고 덮어버릴 것이 아니라 꼭 사서 소장하고 두고 두고 읽어야 할 책이다. 이런 책은 사면 맨 처음 반드시 산 날짜와 자기 이름을 적어야 하며 읽는 동안 책 안에 메모와 밑줄 긋기 등을 하는 게 중요하다. 그렇게 하면 책은 교환 환불 등이 불가하기 때문에 나한테 아주 중요하다.

지금도 강남역 김종율 아카데미에는 저녁시간만 되면 훌륭한 직장인들이 한가득이다. 나는 늘 그들에게 말한다. 지금 이 시간에 여기 와서 공부하고 있는 것만으로도 엄청 대단한 것이니 너무 자신을 몰아붙이지 말라고, 설렁설렁하되 꾸준히 하며 주 1회 정도는 빼먹지 말고 하라고 말이다. 늘 그런 사람들이 성과를 잘 냈다.

성공한 사람의 가르침을 내 생각인 것처럼 말하라

내가 하는 말을 가장 많이 듣는 사람은 누구일까? 나의 가족이나 가까운 친구라고 생각하겠지만 틀렸다. 바로 나다. 내 입에서 나오는 모든 말은 내 귀가 가장 많이 듣는다. 그렇다면 그 귀에 어떤 말을 들려주는 것이 좋을까? 이외에도 전략이 있고 작전이 있다.

만화영화 〈짱구는 못말려〉의 짱구 역 성우 박영남 님은 어느 방송 인터뷰에서 이런 말을 했다.

"오랫동안 짱구를 하면서 익숙해져가니까 행동이나 말이 나도 모르게 짱구처럼 되어가는 거예요."

참 공감 가는 말이다. 그렇다면 누구든 긴 시간 누군가의 말을 따라 하다 보면 나도 모르게 그 사람처럼 되지 않겠나? 말은 생각이 되고 생각은 신념이 되고 신념은 인생관이 되고 인생관은 곧 습관(행동)이 된다. 부자가 되기 위한 행동이든, 짱구가 되기 위한 행동이든 가장 첫 출발은 말에 있다. 그렇다면 누구의 말을 어떻게 옮겨 담는 것이 내게 가장 이로울까?

누구든 닮고 싶고 그분의 인생을 내 인생에 몽땅 집어넣고 싶은 사람이 있을 것이다. 그런 멘토님의 책이 있다면 열심히 읽고 내 것을 만들 때 '그분의 말씀에 따르면 이러저러하다'라고 말을 하면 어떨까? 아마 내 귀와 뇌는 그것이 나의 생각이 아니란 것을 단박에 알아차릴 것이다. 자주 들었던 말이긴 하지만 나의 생각이 아니기 때문에 신념과 인생관으로 연결되기엔 효율이 떨어질 수 있다.

그렇다면 어떻게 할까? 내게 있어 인생의 멘토는 세이노 선생님 단 한 분이셨다. 그리고 선생님의 책인 《세이노의 가르침》에 있는 말을 그대로 썼다. 친구나 가족, 직장동료들과 돈, 인생, 업무 등에 대한 이야기를 할 때 책에 있는 말을 그대로 내 생각인 양 써버렸다. (세이노 선생님 죽을죄를 졌습니다.) 이를테면 이런 것이다.

> "얌마, 동일 노동 동일 임금이라는데 대체 동일 노동이라는 것이 어떻게 있을 수 있냐?"
> "돈 앞에 위선 떨지 마라. 너는 부자가 무슨 돈만 좇는 도둑놈이라 생각하나 본데 절대로 아니다."

위와 같은 말 외에도 수없이 선생님의 가르침 속에 있는 말을 그대로 말하곤 하였다. 친구들과 대화 중에만 한 것이 아니라 혼자서도 그 말을 하는 연습을 하곤 하였다. 특히 샤워를 하며 머리를 올백한 상태로 거울을 보며, 영화 배우가 대사 연습을 하듯 말하곤 하였다. 결코 혼잣말처럼 속삭이듯 하거나 중얼거림이 아닌 옆 친구와 대화를 하는 톤 그대로 가르침의 내용을 말하곤 하였다.

선생님의 가르침을 읽을 때는 몇 번이고 반복해서 읽고 줄 친부분만 다시 읽기도 여러 번 하였다. 이러면서 표현까지 그대로 따라 하니 금세 생각이 되고 습관이 되어갔다. 우선 가장 큰 장점은 내 생각과 멘토의 생각에서 큰 차이가 없으니 내가 행하고 있는 것에 대한 의심이 사라졌고 잘하고 있다는 자기 확신이 100% 생겼다.

내가 결혼할 때다. 선생님의 가르침 '부자들의 쇼윈도 앞에서 서성이지 말아라'에는 결혼 예물, 그중에서도 시계에 관한 이야기가 습관이 되어 흘러나왔다. 선생님은 사모님과 밀수된 저렴한 세이코 시계를 구매하셨다고 하였는데, 나 역시 주변에서 가장 저렴한 결혼 예물 시계를 맞췄다. 스와치 브랜드였으며 액정이 플라스틱이라 기스도 잘 나는 것이었다. 같은 나이에 비슷한 시기에 결혼한 동료는 500만 원이 넘는 시계를 맞췄는데 내가 그를 보며 한 말이 '술 마시고 취해 있으면 누가 손목 잘라가겠다.'와 같은 말이었다. 평소에 한 말이 신념을 넘어 행동이 되었으니 전혀 흔들리지 않았다.

또 담배에 대해서도, 나는 담배를 피지 않는다와 같은 말을 하지 않고 '배도 부르지 않는 연기를 왜 돈 주고 마시냐'와 같은 말을 즐겨 했다. 그런데 사실 이 말은 현대그룹의 故 정주영 회장님의 말씀이다. 그런 말을 어려서부터 써서인지 담배는 지금도 입에 대지 않는다. 누군가와 대화 중 담배 이야기가 나올 땐 여지없이 나오는 말로 뭔가 담배가 지긋지긋한 느낌마저 있다.

'종교에는 기적이 있지만 경제에는 기적이란 없다. 부자도 마찬가지다.' 이 말 역시 정주영 회장님의 말씀을 내 식으로 조금 변형한 것이다. 외신들이 우리 경제 성장을 두고 '한강의 기적'이라고 하자 이에 대한 답으로 하신 말씀이다. 나는 이 말도 참 좋아했고 즐겨했다. 누군가는 부자가 되는 것을 간절히 믿고 긴 시간을 보내다 보면 어느 날 갑자기 부자가 되어 있을 것이라 착각하는데 부자는 그렇게 되는 것이 아니다. 조금씩 재정이 나아지다가 점차 그 폭이 커지는데 그게 누적되어 연소득 2억 원 또는 순자산 30억 원이 달성되어야 그게 부자인 것이다.

이 외에도 숱하게 많은 말을 출처도 없이 따라 했다. 마치 오래된 내 생각인 양. 그런데 진짜로 생각에 확신이 붙고 행동까지 바뀌며 말습관이 행동의 습관으로까지 옮겨 간다. 아마 나는 평생 동일 임금을 바라지 않을 것이며, 돈에 대한 위선도 없을 것이고 기적을 바라지 않는 금연자로 살 것이다.

※ 세이노 선생님은 결혼 때 구입한 시계를 오래 전에 잃어버리셨다고 하셨는데 나도 그랬다. 가르침은 이렇게 완벽하게 카피하는 것이다.

2장

돈 찌는 체질 2단계

만나는 사람을 바꾸고 스스로의 기준을 만들어라

　　나는 가난한 40대를 싫어한다. 특히 자신이 선량해서 가난하다고 착각하는 사람들은 거의 혐오한다. 노골적으로 말해 가난한 사람은 선량하기 어려운 사람들이다. 건강이 나빴거나 속 썩이는 가족이 있었거나, 사업에서 운이 지독하게 없었던 사람이 아닌데도 40대에 가난하다면 아마도 게을렀고, 세상을 비관하면서 20, 30대를 보냈을 가능성이 크다. 이런 사람들이 자기가 착해서 가난하다고 여기는 것을 나는 별로 좋게 보지 않는다.

예전에 경제적으로 어려운 사람들을 만나, 6개월 내에 경제적 성과를 내게 하는 EBS 방송에 출연한 적이 있다. 당시 60대였던 어느 가장은 상당히 자본주의를 비판적으로 바라보았으며 사람들이 돈에만 욕심을 내고 사는 것이 무척 잘못된 것이라 주장하였다. 그는 전라도 여수 출신으로 그 나이에 대학까지 나와 가정을 꾸리며 큰딸은 대학을 졸업하여 간호사로 일하고 있었다. 내가 그에게 묻길, 자녀들이 아빠가 가난한 것에 대해 불만이 없냐고 하자 '우리 딸은 바르게 잘 커서 아빠가 돈 그까짓 거 없어도 아빠를 책망하지 않고 알아서 척척 잘한다'라고 답을 하였다. 나는 그에게 정면으로 쏘아붙이길 '그건 가족들의 자존감을 다 떨어뜨리는 일'이라 하였다.

내 어릴 적 이야기를 조금 해볼까? 내가 고등학생 때였다. 당시는 급식이 없어 도시락을 싸서 가지고 다녀야 할 때였다. 반여동 1291-681번지로 이사를 하기 전, 1291-685번지 단독주택에 내내 살았던 그때의 이야기다. 도시락 반찬이 고등학교 친구들과 어울려 먹기 창피할 정도로 늘 좋지 않았던 나는 어느 날, 어머니가 말린 오징어를 물에 불려서 조려 주시는데 그게 참 좋았다. 몸통은 거의 없고 다리와 머리(지느러미)부위가 많았지만 그래도 다른 반찬에 비해 괜찮았던 것이다. 평소에도 왜 몸통은 없을까 의아했지만, 한 번도 어머니에게 묻진 않았다. 그러다 어느 날 옆집에서 창문 너머로 어머니가 의문의 먹다 남은 오징어를 건네받는 것을 목격하였다. 알고 보니 옆집은 인근 상가에서 노래방을 했는데, 손님들께 단속을 피해 제공하는 맥주와 마른 오징어(몸통은 대개 손님들이 먹어 버려, 다리와 머리만 남긴 것)를 어머니가 얻어 다 반찬으로 만든 것이었다. 이 사실을 안 나는 어떻게 했을까? 소리치고 화를 냈을까? 전혀. 화를 내면 그 전의 형편없는 반찬으로 내려(?)갈 것 같아 알지만 모른 척했다. (어머니는 지금도 내가 이를 알고 있는지 전혀 모르신다.) 그렇다면 내가 철이 들어 그랬을까?

그때의 내 자존감은 어땠을까? 그걸 알기에 방송에서 만난 그 60대에게도 분노에 차 그런 말을 한 것이다. 부모는 자신이 가난하면 자녀들 자존감이 쉽게 바닥으로 내려갈 수 있음을 반드시 인지해야 한다. 자식을 낳았으면 그 정도의 책임은 져야 하지 않겠나. 당시의 나도 철이 든 것이 아니라 그걸 알아버리면 혼날 거 같고 까탈스러운 놈이라는 핀잔을 받을 것 같고 그러면서도 내색을 할 수 없으니 더 자존감은 낮아져 갔다.

그때 방송에서 만난 60대는 말하길, 부자가 가난한 사람을 돕지 않아서 어려운 사람이 많은 것이라 주장하였다. 세상은 자기처럼 선량한 사람만 있으면 이렇게 힘들지 않을 것이며 자기도 부자가 되면 당연히 어려운 사람을 도울 것이라는 망상에 가까운 이야기를 했다. 웃긴 것이 그러면서 자신을 '없는 사람을 도와야 한다는 신념을 가진 착한 사람'으로 단단히 착각하고 있었다. 돈 많은 A가 돈 없는 B를 도와야 한다고 생각하는 C가 어째서 착한 것인가? C는 그저 A의 돈을 강탈하고 싶은 것에 지나지 않는다. 도우려면 C가 자신의 것을 덜어서 B에게 주어야 한다. 그게 선량한 것이다.

그런 점에서 가난한 사람은 선량하기 매우 어렵다. 노골적으로 말해 자기가 싸질러 놓은 자식에게조차 그리 베풀지 못하는 사람이 누구에게 뭘 베풀어서 도움을 준단 말인가. 자기도 언젠가 부자가 되면 그렇게 할 것이라고? 지랄 같은 소리 마라. 회사도 꾸준히 다니며 뭔가 남을 돕기 위해 사업을 준비하든 투자라도 뭘 하여, 남들보다 소득이 많을 싹이 조금이라도 트였을 때 그런 말을 해야 들어줄 가치라도 있는 것이다. 몇 년을 백수로 지내며 세상 탓만 하고 집에서 잔소리한다고 자전거 여행이나 제멋대로 떠나는 사람에게 그런 기적은 일어나지 않는다.

　그리고 또 하나 곁들이자. 가난한 사람일수록 남을 돕는 일(돈이 아니다.)에 잘 나서는 경향이 있는 것도 사실이다. 왜 그럴까? 그건 자존감이 낮기 때문이다. 누구든 봉사를 하고 나면 자신의 존재감이 굉장히 올라가는 것을 느낀다. 그런데 돈이 많은 사람은 굳이 그러지 않아도 스스로 자존감이 높기에 그 필요성을 잘 느끼지 않는다. 다만 어쩌다 그런 필요성이 있는 곳을 마주하게 되면 자기 지갑을 여는 것에 주저함이 별로 없다. 이에 반해 가난한 사람들은 실질적인 도움이 되는 것이 아닌 것들을 많이 한다.

　그럼 대체 가난이 왜 선함의 결과라고 생각할까? 욕심이 없어서? 그건 노력하기 싫어서 하는 핑계 아닌가? 아니면 인생관이 반자유주의, 반시장주의라 그렇거나. 내가 어릴 때 살던 반여동 아저씨들을 보면 낮이나 밤이나 술을 많이 마셨다. 자기계발이라곤 눈곱만큼도 없는 사람들이 대부분이다. 그에 반해 부자들은 조금이라도 알아보면 다들 자기계발에 상당히 진심인 분들이다. 돈에 대해 욕심이 많을지언정, 베풀 땐 베풀 줄도 알고 많은 부분에 있어 훨씬 품위도 있다.

내게 길을 알려준 이들도 다들 부자들이었다. 내게 선량함을 베풀어 주신 분들도 늘 부자들이었다. 유통회사에서 점포 개발을 하던 당시 편의점 건물을 갖고 있는 부자(?)들이 늘 부러웠다. 그들을 만날 때마다 지금 내 나이에 뭘 하면 좋고, 어떤 준비를 하면 좋을 것 같냐고 묻곤 하였다. 정말 어쩜 그렇게 기품 있는 분들이, 자기 노하우를 알려주는 데 그리도 친절하신지 고마워도 너무 고마웠다. 내게 동탄 신도시 같은 곳에서 아파트 분양을 받아 보라고 하신 분, 서울에 아파트를, 그것도 가급적이면 강남의 것으로 빨리 사라고 알려주신 분, IMF 같은 위기를 만나면 건설사나 시행사가 어려워 던지듯 파는 우량 물건을 사라고 알려주신 분 모두 내게 큰 가르침이 되었고 길을 알려주신 분들이었다.

반면 가난한 사람들 중엔 부동산 투자 수익이 불로소득이라는 주장을 하는 사람도 더러 보았다. 나는 그런 사람에게 묻곤 한다. 불로소득이면 당신도 하지, 왜 안 했냐고. 돈이 없더라도 최대한 빚을 내서라도 했어야지. 불로소득이니까. 실상은 자기는 남들이 비싼 집에 사는데, 그 집의 가격이 떨어지길 바라고, 어떤 게 좋은지 고를 공부는 하기 싫으니, 남들이 근로소득 아닌 것으로 돈 버는 것이 배가 아파서 하는 소리 아닌가? 그러면서 선량하단 착각까지?

이전 글에서 짱구의 성우 박영남 님의 이야기를 소개했다. 그처럼 내 귀를 통해 뇌로 전달되는 좋지 않은 말이나 글도 있지 않을까? 그런 것들이 누적이 되어 습관이 되고 행동이 된다면 참으로 나쁜 결과를 맞게 될 수도 있다.

우선 어울리지 말아야 할 사람이나, 귀로 들으면 부자가 되는 데 부정적인 습관을 이끌 말은 어떤 것이 있을까? 기본적으로 자본주의를 부정하는 말을 하는 사람이 가장 안 좋다. 요즘이 무슨 전태일 시대도 아니고 학생운동이나 노동운동하던 구호를 회사에서도 하고 다니는 인간들과는 함께 담배 타임도 가져서는 안 된다. 그들은 기본적으로 회사란 노동자를 착취의 대상으로 삼으며, 무언가 힘들이지 않고 근로자들을 부려 먹어 큰돈을 거머쥔다고 여기는 등신들이기 때문이다. 이런 부류의 인간들은 대개 회사를 나와 자기 사업을 할 배짱은 없어 끝까지 회사에 붙어 있는데, 붙어 있는 내내 이런 해가 되는 말만 하고 산다. 기본적으로 부자가 되는 사람은 직장 생활 초기부터 부자와 기업에 대해 상당히 긍정적인 인식을 갖고 있는 사람들이다. 요즘 회사가 전태일 열사(나는 아주 극단적인 방법으로 자살한 그를 좋아하지 않는다. 일하기 싫으면 그만두든가, 회사가 착취를 한다고 여기면 돈을 모으거나, 뜻이 같은 사람들끼리 모여 회사를 차리는 게 건강한 사고다.)가 다니던 근무 환경이 열악한 봉제 공장도 아니고 아직도 이런 사상에 빠져 있는 사람들은 '국영수'를 포기한 고3 정도로 취급해도 된다. 회사를 그만두고 무언가 장사나 사업을 할 계획이며 지금 하는 업무는 자기 인생에서 스쳐 가는 일쯤으로 취급하는 사람도 나쁜 유형이다. 대개 이런 말을 하는 사람은 자기가 하는 일을 잘하지 못하는 것에 대한 핑계로 그럴싸한 '먼 훗날의 일을 잘할 거라 이건 대충 넘어간다'는 식의 논리를 갖고 있다. 틀렸다. 틀려도 한참 틀렸다. 사업을 해보면 어쩌다 맡은 일을 잘 해내고 그 일에서 배운 사업의 기회를 엿보고 창업하여 성공한 사람을 꽤 만나게 된다. 지금 일은 스쳐 가는 잠깐의 일이라 여기는 사람에게는 찾을 수 없는 성공 공식이다. 진정으로 사업이나 장사를 꿈꾼다면, 자기 직업부터 장래에 할 일에 대한 징검다리가 될 것으로 택하는 것이 맞다. 그리고 그 일이 장래의 꿈인 만큼 동료들보다 훨씬 더 잘하는 것이 맞고.

얼마 전 종료된 넷플릭스의 인기 프로그램 〈흑백요리사〉를 보면 많은 성공한 셰프들이 누구 밑에서 밑바닥부터 다졌다는 이야기를 쉽게 들을 수 있다. 과연 그들이 주방 청소하고 음식 재료 손질을 하며 '이 ㅂㅅ같은 식당이 밥값은 드럽게 비싸게 받아 처먹으면서 나한테 월급은 쥐꼬리만큼 주고 일은 더럽게 많이 시켜먹네'라고 생각한 사람이 있을까? 대개는 그 허드렛일을 딛고 올라가 오너 셰프가 되는 꿈을 꾸었을 것이고, 돈을 받으며 요리 기술을 배울 수 있다는 것에 상당한 만족을 하며 임했을 것이다. 원래 직장이란 좋은 곳과 나쁜 곳, 딱 두 가지밖에 없다. 이 중 하나는 쥐꼬리만 한 월급에 온갖 잡다한 일을 다 해야 하고 회사 사장 혼자 돈을 버는 곳이고 다른 하나는 월급을 받아가며 기술과 지식을 쌓고 인간관계를 배울 수 있으며, 사람을 어떻게 뽑고 쓰며 첫눈에 사람의 성향도 파악할 수 있는 기술을 연마하게 해 주는 감사한 곳이다. 어떤 회사를 다니더라도, 그곳이 어떤 회사가 될지는 당신의 마음가짐에 달렸다.

나는 미니스톱과 GS25와 같은 회사에서 점포 개발 업무를 오랫동안 하였다. 2002년 6월 내가 이 업무를 처음 맡을 때만 하여도 '점포 개발 본부로 발령을 내면 그만두라는 말이다'라는 말이 있을 정도였다. 지금이야 편의점의 인식이 아주 좋아졌지만 당시만 해도 괜히 정찰제로 상품 가격은 더 받으면서 별다른 서비스가 없는 소매점 취급을 받았다. 그러니 슈주(슈퍼 주인)를 만나 편의점으로 업종 전환을 권했다가 문전박대 당하기 일쑤였다.

또 높은 권리금을 주거나 높은 임차료를 지급하여 오픈한 점포에서 매출이 예상한 대로 나오지 않으면 그에 대한 책임도 굉장히 크게 따르는 업무다. 그래서 얼마 다니지 못하고 다른 일을 알아보는 선후배들이 꽤 많은 곳이기도 했다. 하지만 월급을 받으며, 회사 명함을 들고 여러 자영업을 하시는 사장님들을 만나니 장사에 대해 이만큼 배울 수 있는 직업도 없었다. 상권 분석 스킬이 느는 것은 당연하고 민사집행법을 포함한 권리분석과 경매에 대해서도 강제로 공부시켜 주니 이 얼마나 행복한 일인가. 게다가 매출이 딱딱 잘 맞을 땐 두둑한 인센티브도 있으니 회사는 그야말로 은혜로운 곳이기도 했다.

내가 이런 생각을 가질 수 있었던 것은 오로지 은혜로운 선배님 몇 분 덕분이다. 가끔 시간을 내서 함께 차라도 마실 때면 회사에 대해 긍정적인 생각을 갖고 고마워하시는 분들이 계셨다. 사석에서 이야기를 해보면 재테크와 저축의 중요성을 꼭 설명하시며 점포 개발이라는 업무 장점에 대해 굉장히 자주 말씀해 주신 분이다. 당시 상품본부에 근무하고 계셨는데 도곡동 점포를 비롯한 여러 고매출 점포를 개발하여 회사에 막대한 이익을 안긴 분이기도 했다. 부서가 달랐지만 나는 그 분과 이야기 나누는 것이 좋았고 회사에 불평으로 가득 찬 불평분자들과는 거리를 두려 했다. 그때 회사에 불평만 잔뜩 늘어놓던 분 중, 회사 내 임원을 달거나 퇴사하여 사업으로 성공한 사람이 단 한 명도 없다. 회사 생활 내내 불만만 표출하며 '사표 쓴다'는 말을 입에 달고 다니던 선배 한 분은, 퇴사 후 거듭된 사업 실패 후 지금은 연락마저도 되지 않고 있다. 내 주변에 이런 선배가 참 많았는데 이들과 거리 두기를 한 것은 지금도 정말 잘한 일이라 여기고 있다.

내가 직장을 다닐 때 '회의 준비물'이라 부르며 회의 때마다 나를 도와준 고마운 후배가 있다. 이 후배는 실적과 행실, 근태 모두 좋지 않은 데다 특유의 만만함도 갖추고 있어서 회의 시간에 거의 팀장의 꾸지람을 독차지하는 고마운 사람이다. 이 후배만 있으면 내가 잘못한 것, 성과를 달성하지 못한 것도 웬만하면 다 넘어가곤 했다. 그렇다면 이 후배는 지금 엄청 못 살고 있을까? 전혀 아니다. 장모님과 모친의 명의로 운영 중인 편의점이 몇 개나 있는데 거기서 얻는 수익이 직장생활하며 받는 연봉을 훌쩍 넘어선다. 회사를 다니며 불평불만을 쌓아 두기보다는 회사에 감사하며 하나씩 점포 개발 기술과 인맥을 쌓아간 덕분이다.(그렇다고 결코 그 팀장에게 감사해하진 않는다.)

이 회의 준비물 후배는 또 다른 일화가 있다. 결혼할 무렵의 일이다. 내가 가끔 부동산 투자와 관련된 이야기를 할 때 대부분의 동료는 귓등으로도 듣는 둥 마는 둥 했다. 실제로 내가 동갑인 동료에게 권했던 아파트 분양권이 있었는데 그 동갑 동료가 별 관심을 보이지 않자 그 후배가 자기가 투자해보면 어떻겠느냐고 관심을 갖고 물어왔고 그 분양권을 통해 결혼과 동시에 내 집 마련에 성공할 수 있었다. 아파트가 2층에 남서향이라는 것을 제외하곤 상당히 괜찮은 출발이었다. 이후 그 집값이 꽤 올랐음은 물론이다.

나는 GS25를 퇴사하고 편의점 미니스톱을 잠시 운영한 적이 있다. 말이 운영이지 점장에게 점포를 맡겨 놓고 나는 가게를 거의 나가지 않았다. 당시는 월세 받는 상가도 몇 개 있었고 부동산 투자도 잘 되었기에 이에 전념하고 싶었기 때문이다. 그때 주말에 아르바이트를 나오는 학생이 있었는데 정말 일을 뚝 부러지게 잘하는 것이었다. 일머리가 보통이 아니었는데 마치 가출한 정주영 회장님이 쌀가게 대신 편의점 알바를 한다면 이렇게 했을 것이라 할 만큼 일을 잘했다. 정말 부모님의 소 판 돈을 훔쳐 나와 편의점 알바를 하러 온 줄 알았다.

그리고 그때 일을 잘 기억하고 있었던 나는 그녀가 대학을 졸업하고 경기도청 소속의 공무원으로 일하고 있다는 것을 듣고는 두 배의 연봉을 제안하며 내 회사로 이직할 것을 제안하였고 지금도 아주 기가 막히게 일을 잘하고 있다. 거기다 나의 도움으로 부동산 투자도 조금 하고 있는데 이 역시 그녀가 회사 일로 맡은 부동산 조사 업무를 성실히 한 덕분에 부동산에 대한 이해도가 높아져 가능한 것 아니겠나? 그녀의 속마음을 다 알 순 없지만 출근 시간 전이나 쉬는 날에도 밀려오는 강의 상담 연락을 '출근 시간 전이니 미루어 놓자'와 같은 생각을 했거나 '잘 해봐야 나는 적은 인센티브만 받고 사장 주머니만 불려준다'와 같은 생각을 하지 않았을 것이다. 행동을 보면 그런 것쯤은 쉽게 파악되니 말이다.(그리고 나는 그녀가 아침 저녁으로 모닝을 타는 것이 마음에 걸려 업무용으로 수입 SUV를 한 대 사주었다. 당연히 1억 원 이상의 연봉을 지급하면서 말이다.)

자 이제 다음 장부터는 직장생활을 하며 어떻게 돈을 더 벌 것인가에 대한 내용으로 이어질 것이다. 그러니 이번 챕터의 내용으로 자본주의적인 직장인 마인드를 세팅하고 넘어가자.

인생은 미술 숙제 같은 것

나는 대학 1학년을 마치고 군대를 지원하여 입대한 후 군복무를 마치고, 한 번의 휴학 없이 대학 과정을 마쳐갈 무렵 취업을 하여 사회생활을 시작하였다. 경영학을 전공하고 유통회사(당시 편의점 브랜드 미니스톱)에 들어와 보니 증권사, 보험사, 통신사 등 경영학과를 선호하는 기업에 취업한 친구들 중에는 나보다 월급이 훨씬 높은 친구들도 더러 있었다. 그들이 부러웠지만 이직에 대해 큰 관심을 두지 않았다. 그냥 유통회사에서 열심히 하면 장사에 대해 이것저것 배울 것이 분명하였기에 훗날 내 장사를 하는데 도움이 될 것이란 계산이 섰기 때문이다. 심지어 유통회사에 합격하여 직무교육을 받던 중 꽤 급여가 높은 보험사에서도 면접을 보러 오라는 통보를 받기도 했지만 응하지 않았다. 이 회사를 6개월쯤 다녔을 무렵엔 증권사의 친구가 이직을 하라며 입사를 권하기도 하였지만 원서를 쓰는 둥 마는 둥하다 결국 원서를 넣지 않았다.

대학을 다닐 때 자격증을 따기 위해 휴학을 하는 이들이 더러 있었다. 주변에선 회계사, 감평사, 손해사정사 등을 취득하기 위해 휴학을 하는 이들이 더러 있었는데, 자격증을 따서 인생이 잘 풀린 선후배들만 연락이 닿는다. 인생이 긴데 1~2년 휴학을 한들 무슨 상관이겠냐마는 그래도 인생은 그 나이대에 어울리는 것을 하며 진도(?)를 나가는 것이 좋다. 20대엔 대학을 다니며 재테크 공부를 하고, 30대엔 직장을 다니며 재테크를 실행하고 40대엔 창업을 한 것이 나의 인생이다. 한 번도 만족할 만큼 열심히 한 적은 없지만 머물러 있던 적도 없다.

인생은 미술 숙제 같은 것이다. 고등학교 때 대개 미술 숙제를 매주 내주지 않나? 미진했어도 숙제를 그때 그때 제출해야 하는 미술 숙제처럼, 나이대에 해야 할 것을 할 만큼 하고, 제출하는 습관을 들이는 것이 좋다. 그래야 30대에 30대가 배울 수 있는 다양한 것들을 배울 수 있기 때문이다. 그렇게 한해 한해 나이대에 어울리는 것을 접하고 살며 시간이 흐르면 20대 때 상상하지 못했던 것을 30대에 배우고 30대 때 전혀 몰랐던 세상을 40대가 되어서야 배우게 되는 것이다. 그렇게 배워나가는 것이 대학 졸업을 미루고 자격증 공부를 길게 하거나 대학 전공을 바꾸기 위해 새로운 대학을 들어가려는 노력을 하는 이보다 더 나은 인생을 살 가능성이 크다.

　20대의 젊은 청춘들은 전문 자격증을 따야만 미래가 안정적일 것이란 기대를 한다. 사기업에 들어가기도 어렵고 들어가 봐야 마흔이나 쉰이면 잘리기 십상이니 몇 년 걸리더라도 평생 노후가 보장되는 자격증을 따두는 게 남는 장사라고 여기기 쉽다. 그러나 그렇지 않다. 당신이 미술 숙제 중 수채화 그리기를 다 하지 못했거나 마음에 들지 않아 다음 주 숙제도 미룬 채 수채화에 매달리면 어떻게 될까? 당신보다 못한 실력으로 수채화 숙제를 낸 친구들은 연필소묘를 배우고 있고, 그 다음주면 또 다른 숙제를 하며 미술 실력이 늘게 될 것이다. 한두 개의 숙제가 밀리는 경우는 그렇지 않겠으나 그게 많아지고 길어지면 결국 미술 실력이 늘지 않게 되는 것이다.

나는 이 책을 '정승아'(정주영 회장님, 장승수 변호사, 김연아 선수) 같은 분들을 대상으로 집필하고 있는 것이 아니다. 몇 년을 꼴아박아도 번듯한 자격증을 딸 가능성이 그리 높지 않은 나 같은 평범한 이들이 어떻게 하면 효율적인 노력으로 부자가 될지 고민하며 쓰고 있다. 그러니 어려운 자격 시험에 도전하러 가 보되 몇 번 간을 본 뒤, 안 되겠다 싶으면 오기 부리지 말고 있던 곳으로 재빠르게 돌아오길 권한다.

왜 그럴까? 첫 번째는 대단한 자격증을 딴다고 해 봐야 급여는 '해운대에서 광안리'이다. 거기서 거기란 말이다. 어떤 전문 자격증이건 간에 그 자격증을 통해 창업을 하지 않는 이상 급여는 1억 원~2억 원 정도다. 그리 떼돈이 벌리는 것이 아니기에 보통 머리로 도전했다가 장수생이 되면 영영 다음 미술 숙제를 접하지 못할 수도 있기 때문이다. 리스크에 비해 얻는 것이 그리 크지 않다는 말이다. (그럼에도 한번쯤은 그런 자격증에 도전하고 싶은 마음을 잘 안다. 나는 수능에 한이 있어서 강남 대성학원 재수종합반 등록을 망설이고 있는데 뭘.)

나는 스물아홉 살에 아파트 분양을 받고 부동산 경매 투자로 이것저것 성공을 거두면서, 친구들과 휩쓸려 어려운 자격 시험에 도전하지 않은 것을 아주 잘한 선택이라 여겼다. 투자가 조금만 손에 익어, 투자 수익에 급여를 합하니 웬만한 전문 자격증을 보유한 친구들보다 내 수입이 많았기 때문이다. 함께 학교 구내식당에서 밥을 먹었던 친구들 중에 회계사 시험에 도전한 친구가 꽤 여럿 있는데 합격한 친구보다 떨어진 친구가 더 많고, 떨어진 친구는 연락이 거의 되지 않는다. 딱 봐도 공부에 소질이 없는데 감정평가사에 도전한 친구가 있었는데 그가 늘 하던 말이 '자격증 딴 뒤 엄청 빨리 승진하면 된다'였다. 나는 그가 자격증을 땄다는 말도, 취업을 했다는 말도 듣지 못했다. 유일하게 들은 소식이라곤 사귀던 여친과 헤어졌다는 것뿐이다.

간혹 잘나가는 친구에게 열등의식을 가지는 친구들이 있다. '내가 옛날에 너보다 공부를 잘했는데'라고 시작을 하며 자기보다 잘나가는 친구에게 부러움과 시기심을 동시에 보이는 부류다. 거의 대부분이 '적당한 머리를 상당한 머리로' 착각하여 공부에 승부를 걸었다 실패한 경우다. 중학교 때 공부를 잘하긴 했지만, 그 이후로 그냥저냥 세월을 보내다 그 스펙에 맞는 회사에 취업하려니 마음에 들지 않아 자격증 공부를 한 친구가 있다. 2020년경 서울시 무슨 9급 공무원 시험에 합격하여 현재 공직 생활을 하고 있는데 그도 역시 내게 상당한 열등의식을 보이길래 연락을 하지 않고 지내고 있다. 5년 전 그는 마흔다섯 살의 나이에 자기가 나보다 영어를 더 잘한다고 말을 하였다. 자식 자랑, 집 자랑, 건물 자랑할 나이에 영어 실력 자랑이라니. 20대 말에 해야 할 미술 숙제를 이제 마친 것에 지나지 않았다.

못난 회사든 좋은 회사든 제때 취업한 뒤 조금씩 모아서 돈을 굴려 간 친구들이 경제적 안정을 잡은 경우가 부자가 될 확률이 높다. 그게 마흔쯤이 되어보면 바로 드러난다. 지인 중엔 여고생 때부터 남친을 사귀다 수능을 망친 이가 있다. 의대 진학이 꿈이었던 그녀는 수능점수가 뜻대로 나오지 않아 의대의 꿈을 접고 교대에 진학했다. 이후 그녀의 남친은 약대에 진학하여 약사가 되고 그녀는 초등학교 교사가 되었다. 원래 지성과 미모 중 '지성 〉 미모'가 확실했던 그녀는 훗날 열심히 부동산 투자 공부를 하여 엄청난 경제적 성과를 내고선 마흔의 나이에 교직마저도 그만뒀다. 완전한 경제적 자유를 이룬 것이다. 반면 옛날 그녀의 남친이자 현 남편인 그 약사님은 지금도 열심히 약을 조제하고 환자를 보고 있다. 고3 때는 약대도 의대도 진학하지 못한 채 꽤나 낙심을 했다고 하였지만 그때는 상상하지도 못했던 인생을 그 이후의 노력으로 이룬 것이다.

물론 절대 강자는 강력한 직업을 가지고 투자 공부도 병행하는 사람에게서 나온다. 전라도 광주에서 약국을 운영하며 투자 공부를 굉장히 오랫동안 하고 있는 수강생 K씨가 있다. 이 분은 약국에서 처방전이 상당히 많이 나와 약국이 굉장히 안정적인데 투자 공부까지 병행하니 아주 빠른 속도로 부가 늘어나고 있다. 위에 병원이 가득 차 있는 약국 건물도 그의 소유이니 오죽하겠나. 그렇지만 이 약사도 전라도 아주 깡촌 출신으로, 처음부터 이렇게 자리를 잡은 것은 아니다. 약국부터 자리를 잡은 뒤 그 건물을 매입하고 그다음부터 부동산 투자를 본격화한 것이다. 또 의사 중에도 평택에서 ○○병원을 운영하며 제법 많은 수입을 올리지만, 토요일마다 답사를 하고 술을 마시는 이도 있다. 그 좋은 머리로 부동산 공부를 하며 매주 1회 답사를 하니 실력이 얼마나 빨리 늘겠나. 그리고 소득도 뒷받침되니 굴릴 돈도 빨리 빨리 생기고. 높은 신용으로 은행 문턱마저 낮으니 이 분의 소득 증가 속도는 경이로울 정도다. 나는 오히려 이런 최강자를 보며 배운다. 이런 대단한 분들도 이렇게 열심히 하는데 자만하지 말고 열심히 뛰자고. 이 외에도 꾸준히 공부하고 투자를 병행하는 회계사나 세무사, 감정평가사, 변호사 등도 이런 군에 해당하며 내 주변에 참 많다.

희망을 갖는 법, 유지하는 법

1957년, 미국 존스홉킨스 대학의 리히터 교수는 매우 의미 있는 쥐 실험을 하나 한다. 쥐가 빠져 나오기 힘든 통에다 물을 채운 뒤 한 무리의 쥐를 빠트린 것이다. 그런 다음 쥐가 어느 정도 지나서 죽는지 살펴보는 실험이었는데, 대개 15분 정도에 쥐가 죽었다고 한다. 그런데 이번엔 같은 실험을 방법을 좀 달리하여 진행하였다. 이번에도 같은 조건의 통에 한 무리의 쥐를 넣어 놓고선 15분쯤, 수영을 포기하고 죽어가는 쥐를 건져 내어 먹이를 주고 몸도 말려 주었다. 그리고 나서 그 쥐들을 다시 물통에다 넣고 얼마나 버티는지 기다려 보았다. 놀랍게도 건져서 먹이를 먹어본 쥐들은 평균 60시간(60분이 아니다)이라는 놀라운 시간 동안 수영을 하며 버티고 있었다. 희망을 품고 버틴 쥐들의 60시간은 그렇지 않은 쥐들이 생을 포기한 시간 15분의 무려 240배에 달하는 긴 시간이다.

위 실험이 뜻하는 바가 무엇일까? 위기와 절망 속에 있는 사람도, 더 나아질 길이 있다는 경험을 하면 그렇지 않은 사람보다 무려 240배의 인내력과 에너지가 나올 수 있다는 것이다. 대개 이 실험을 두고 희망에 대한 확신이 얼마나 중요한지에 대해 가르치는데, 나는 확신보다 경험이 있어야 한다고 생각한다. 경험만큼 확신을 주는 것은 없기 때문이다.

자본주의 사회에서 성공하는 것, 즉 부자가 되는 것도 마찬가지다. 부자가 된다는 것은 상당히 긴 시간 동안 고통스러움을 인내해야 하는 것이다. 짧은 시간에 부자가 되는 것은 정말 어쩌다 한 명이다. 그러나 긴 시간을 두고 지치지 않으며 사업이든 투자든 이어온 사람은 결국엔 부자가 된다. 내가 부자가 될 수 있다고 확신하는 사람이 되는 것이 중요한데, 대개 이 포인트를 '자기확신' 정도로만 가르치기 때문에 중도 포기하는 사람들이 많아진다. 확신보다 더 확실한 확신은 경험이다. 빨리 작은 경험이라도 성공을 맛보고, 그 성공이 점점 커져 좀더 위를 향해 올라가야 한다. 그래야 긴 시간 지치지 않고 헤엄칠 수 있다.

고만고만한 우리나 우리의 친구인 중하위권 학생이 성공하겠다고 하더니, 어느 날 갑자기 성적이 상위 10%에 드는 일을 본 적이 있나? 아마 없을 것이다. 그러나 긴 시간을 두고 그렇게 된 사람은 더러 있다. 조금씩 성적이 올라가며 성적 향상을 '경험' 하였기 때문에 더욱 지치지 않고 긴 시간 그렇게 해낼 수 있었던 것이다. 경험이 없는 확신은 이를 꽉 깨물고 주먹을 불끈 쥐어도 얼마 가지 않아 포기하고 만다. 모두가 그런 것은 아니지만 고만고만한 우리는 그럴 확률이 매우 높다.

그렇다면 사업이나 투자로 돈을 번다면 어떻게 해야 할까? 빨리 작은 성취라도 맛을 보라고 권하고 싶다. 그런 성취를 경험하기 전까지는 그런 성취를 한 사람이 많은 곳으로 가서 시간을 보내는 것이 좋다. 달리기를 하면 심폐지구력이 좋아진다는 말을 듣고 혼자 죽자고 달리는 사람보다는 유튜브로 달리기 영상을 보는 것이 좋다. 더 좋은 것은 달리기를 하는 사람들 모임에 들어가서 달리기를 통해 건강이 좋아진 사람들의 이야기를 생생하게 접해보는 것이다. 사업이나 투자도 마찬가지다. 초보 시절엔 혼자 머리 싸매며 책이나 인강으로 공부하는 것보다 오프라인 모임에 나가 사업하는 사람들, 투자로 성공한 사람들을 접하는 것이 좋다. 그래야 확신에 힘이 실린다.

내가 부동산 경매와 공법 등을 혼자서 공부하다, 학원에서 공부를 하며 가장 후회한 것이 늦게 참여한 것이었다. 택시 운전을 하며 유치권 물건을 해결하여 원룸 건물에서 월세를 받고 있는 형님, 방수공사를 하며 썩은 빌라 공사 전문가가 된 형님, 약국을 하며 투자는 하지 않고 술 마시는 재미로 학원에 나오는 형님 등 저마다의 직업을 갖고 성과를 내고 있거나, 내지 못하지만 꾸준히 모임에 나오는 이들과 친분을 쌓았다. 겨우 학원을 두어 달 다녔을 뿐인데 '나도 할 수 있겠네'라는 자신감이 생겼다. 그곳에 발을 들인 것만으로도 15분 이상은 헤엄을 칠 에너지가 생긴 것이다.

그러다 학원에 다니는 동안 2억 원짜리 토지를 하나 낙찰받았다. 지상엔 전원주택이 있는 물건인데, 주변에서 큰 수익이 날 것으로 기대했다. 그러나 나는 2년 정도 보유하고 8천만 원의 수익만 남긴 채 매각했다. 왜 그랬을까? 이렇게 하면 어떤 효과가 있을까? 첫 번째는 내가 스스로 경험을 하였기에 타인의 사례에서 배운 간접 경험이 이제 나의 직접경험이 되어 물에 빠져도 좀더 긴 시간 수영을 할 에너지가 된다. 둘째는 주변의 지지다. 투자를 배우러 다닌다고 하면 대개 투자를 하지 않는 가족일수록 불안해한다. 그들을 안심시키고 지지를 받을 수 있다.

위 인천 경매 물건은 부산에 거주하는 수강생이 낙찰받은 물건이다. 부산에서 서울을 오가며 공부하고 내가 추천한 물건을 낙찰받은 것이었다. 대출을 8,000만 원 넘게 받은 것을 감안하면 실투자금은 1,000만 원 정도에 불과한 것이다. 그때 이 수강생에게 부모님에게 '1,000만 원 들여 재개발 주택 하나 작은 것 투자했다'라고 말하라고 권하였다. 그랬더니 부모님이 '적은 돈으로 한 것'이라며 아주 기뻐했다고 했다. 그 뒤 이 재개발 구역이 진행되며 시공사 선정 및 철거에 들어갔을 무렵 이 물건을 매각하였다는 말을 들었다. 그 뒤로도 가격이 좀더 올랐지만 나는 매우 잘 판 물건으로 생각했다. 왜냐하면 그 수강생의 부친은 공무원으로, 자동차도 할부하지 않고 전액 현금으로 사시는 분이었기에 투자를 위해 빚을 내는 것은 상상도 하지 못하는 분이었다. 남편도 초등학교 교사로 투자와 담을 상당히 쌓고 사는 사람이었다. 그러니 작은 수익이라도 빨리 보여주는 것이 필요했다. 이 건 투자로 그 수강생은 경험에 근거한 확신이 생겼고, 가족의 지지도 얻게 되었음은 물론이다. 이후 부산에서 더 적극적으로 공부하고 투자하여 상당한 성과를 내고 있다는 후문을 간간이 듣고 있다.

희망에 찬 확신도, 목표하는 바에 도달하지 못하면 좌절하

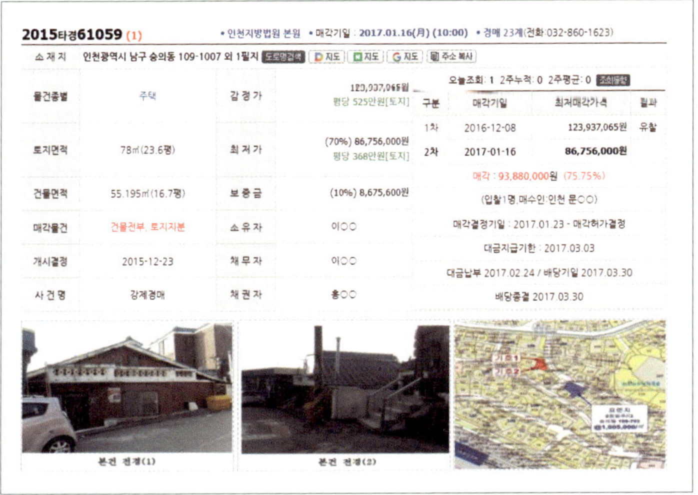

2015타경61059 (1)　　• 인천지방법원 본원　• 매각기일 : 2017.01.16(月) (10:00)　• 경매 23계(전화:032-860-1623)

| 소 재 지 | 인천광역시 남구 숭의동 109-1007 외 1필지 도로명검색 D지도 N지도 G지도 주소 복사 |

물건종별	주택	감 정 가	120,937,065원 평당 525만원[토지]				

오늘조회: 1 2주누적: 0 2주평균: 0 조회동향

구분	매각기일	최저매각가격	필과
1차	2016-12-08	123,937,065원	유찰
2차	2017-01-16	86,756,000원	

토지면적	78㎡(23.6평)	최 저 가	(70%) 86,756,000원 평당 368만원[토지]

매각 : 93,880,000원 (75.75%)

건물면적	55.195㎡(16.7평)	보 증 금	(10%) 8,675,600원

(입찰1명.매수인:인천 문○○)

매각물건	건물전부, 토지지분	소 유 자	이○○

매각결정기일 : 2017.01.23 - 매각허가결정

대금지급기한 : 2017.03.03

개시결정	2015-12-23	채 무 자	이○○

대금납부 2017.02.24 / 배당기일 2017.03.30

사 건 명	강제경매	채 권 자	홍○○

배당종결 2017.03.30

본건 전경(1)　　　　본건 전경(2)

고 포기에 이르게 된다. 허구한 날 맥주를 마시다 당뇨 초기 증세가 발현한 형에게 이런저런 잔소리를 한 일이 있다. 식후 혈당이 300까지 치솟고 당화혈색소가 9.5에 이를 정도로 상태가 악화되어 있었다. 이미 팔과 다리에는 긁다가 피가 난 것이 괴사로 이어진 곳도 몇 군데 있었다. 그 형에게 연속 혈당 측정기를 사주며 '식후 혈당 150'을 맞춰보라고 권고했다. 당연히 당뇨 환자용 식단도 알려주었다. 그런데 마음대로 되지 않았다. 처음엔 불같이 높은 의지를 보였으나 조금만 방심하고 평소 습관대로 음식을 먹으니 혈당이 치솟은 것이다. 그러자 그는 '그냥 먹고 싶은 것 먹다가 가겠다'라는 소신(?)을 보였다. 나는 방법을 바꾸고 목표를 조금씩 낮춰 갈 것을 권하며 맥주만큼은 꼭 끊으라고만 했다. 그러길 몇 개월 했더니 당화혈색소가 5 정도로 낮아졌고 식후 혈당도 150은 아니지만 많이 내려왔다. 최근 근황을 물어보니 마라톤 대회에 나갈 거라며 달리기 훈련을 꾸준히 하고 있었다. 공부도 건강도 돈도 다 마찬가지다. 조금씩 달성하다 보면 나중에는 60시간을 수영하는 쥐가 될 수 있는 것이다.

만약 60시간을 버티다 결국 물에 빠져 죽은 쥐들을, 59시간쯤에 건져주고 말린 다음 먹이를 주고 충분한 휴식을 주었다면 어땠을까? 그 다음에 다시 물통에 빠트렸다면 아마 그 쥐들은 600시간도 버텼을지 모른다.

회사를 다니며 돈 공부하기

회사를 다니며 재테크 공부를 한다는 것이 굉장히 어려운 일이다. 좁디 좁은 취업 경쟁을 뚫고 들어와 살아남기도 힘든데 거기서 재테크 공부까지 하려니 너무 가혹한 것 아닌가 하는 생각마저 든다. 하지만 통화량이 계속 증가하며 화폐 가치는 나날이 떨어지고 반대로 자산 가격은 나날이 올라가니 돈 공부를 하지 않고는 내 집 마련은커녕 백날 전세금 오르는 거 맞추기에 급급한 삶을 살아야 할 수도 있다.

나도 그랬지만 직장 생활 초기에는 세상이 참 불공평해 보이고 부동산 가격은 반드시 떨어져야 한다고 믿고 또 떨어질 것처럼 보이기도 한다. 나름 공부를 열심히 해서 대기업에 취직하여 연봉이 상위 몇 %에 든다며 자부심을 갖게 될 것이다. 그러니 주거도 그에 맞춰져야 인생이 공정하단 착각이 찾아온다. 하지만 그런 소득이 굉장히 긴 시간 지속되어야 겨우 수도권에서 제대로 된 주택을 하나 마련할 수 있는데, 이 시간을 견디기가 쉽지 않다. 이러다 보니 집값이 오를 것이라는 글이나 영상을 보며 부정하고 싶고 마주하고 싶지도 않게 된다. 사회가 잘못되었단 생각도 든다. 그러면서 찾아보게 되는 것이 폭락론자들의 영상이나 글이다. 이런 영상을 한 달 정도만 보아도 망하는 길로 접어든 것이다. 왜냐면 지금은 엄청난 알고리즘과 확증편향의 시대이기 때문이다. 한번 폭락론자의 영상을 끝까지 보게 되면 추천 영상이 또 그런 것만 뜬다. 이제 그런 영상을 연거푸 보게 되면 집이 없는 나 자신이 현명한 것처럼 여겨지고 곧 집값은 떨어질 것만 같은 확증편향에 갇히게 된다.

어쩌다 알게 된 지인 중엔 무려 감정평가사라는 어머어마한 직업을 갖고 있음에도 내 집 마련도 못 한 이가 있다. 정확히 말하면 그는 집이 있었는데 그걸 팔고 전세로 가는 바람에 내내 무주택자가 되어 있다. 그가 집을 판 배경엔 정부의 정책을 제대로 읽지 못한 탓이 크다. 문재인 정부 시절 8·2 대책을 내놓으며 정부가 집값을 잡겠다는 강력한 의지가 있다고 느낀 그는 집값이 떨어질 것이 겁나, 얼른 살고 있던 아파트를 팔고 전세로 옮긴 것이었다. 그런데 장기 임대주택 등록으로 매물은 잠기고 정부는 복지정책을 한답시고 통화량을 지독하게 늘려 버렸는데 그럼 화폐가치가 떨어지고 집값은 오르는 것이 상식 아니겠나? 이런 말을 해도 도무지 설득이 되지 않았다. 무엇이 그 감정평가사의 눈과 귀를 막았을까? 위에 언급한 대로 하락론자로 이미 상당한 확증편향을 갖고 있었기 때문이었다.

모든 나라가 그런 것은 아니지만 자본주의가 자리 잡고 소득이 2만 달러를 넘어서게 되면 국가나 정치는 지속적으로 포퓰리즘으로 물들게 된다. 이렇게 되면 반드시 통화량의 증가를 수반하게 되는데 이로 인해 화폐가치는 떨어지고 자산가격은 오른다가 기본 세팅 값이 된다. 특히 인구가 늘고 있는 지역 중 적절한 주택 공급이 이뤄지지 않은 곳은 반드시 그렇게 된다.

우리나라의 경우 노무현, 문재인 등의 대통령이 집권했을 때 집값이 많이 오른 것도 비슷한 원리다. 그런데도 일본처럼 잃어버린 20년이 온다는 둥 주택 보급률이 100%를 넘어섰다는 둥의 온 국민 다 아는 이야기를 대단한 지식인 양 들이대며, 부동산 가격 폭락을 주장하는 이들의 20년 전에도 있던 주장을 듣고 있자면 한심한 생각마저 든다. 물론 집값이 떨어지는 시기도 있고 지역도 있을 수 있다. 나 역시 2006년~2007년 사이, 수도권 집값이 너무 많이 올라서 지속적인 가격 상승은 어렵겠다는 판단을 하고 토지와 상가, 지방 주택 위주로 공부와 투자를 집중하였다. 결국 내가 하고자 하는 말은 이것이다. 주장하는 바가 집값이 떨어진다는 것에서 그칠 게 아니라, 부동산이 아니면 다른 것으로라도 안정적으로 돈을 굴리고 있을 정도로 돈 공부가 되어 있어야 한다는 말이다.

그렇다면 직장을 다니며 하는 돈 공부는 어때야 할까? 회사 생활과 병행하며 한다는 것은 무엇이든 그리 만만한 것이 아니다. 그러니 절대로 조급해하지 말고 천천히 하되 꾸준히 하고 습관을 들인다는 자세로 하는 것이 중요하다. 내가 권하는 방법은 주 1회 정도는 반드시 투자 모임이나 학원을 나가며 공부를 지속하는 것이다. 투자라는 것은, 면허증을 따기 위해 하는 것이 아니다. 한두 달 배워서 바로 써먹기에는 스스로 확신을 갖기 어려울 수 있다.

2026년 현재 95세를 맞은 워런 버핏은 200조 원이 넘는 자산을 가진 것으로 유명하다. 그런데 이분의 재산 중 99%는 50세 이후에 형성된 것이라는 것도 알아야 한다. 투자로 돈을 버는 것은 실력과 자금이 점차 쌓이면서 2차 함수식으로 증대된다. 반대로 말하면 초기엔 공부를 해도 굴릴 돈도 별로 없는 데다, 실력은 늘지 않아 자산이 빨리 불어나지 않는다. 변곡점까지 도달하기 전까지는 참 재미도 없고 괴롭기만 하다. 그때까지 돈 찌는 체질을 만들어 진득하게 공부를 해 나가야 한다.

대개 재테크 강사들은 두어달 자기 강의를 듣고 나면 금세 투자가 되고 금세 부자가 된다고 말한다. 자신은 1억 원으로 3년 만에 100억 원을 만들었다고 구라 치는 색히도 보았다. 확마… 그럼 그 100억 원을 3년 굴리면 1조 원이 된다는 말인데 그런 생산성을 가진 이가 강의를 한다고? 그런 노하우를 방출한다고? 제발 그런 말에 현혹되지 말길 바란다.

투자는 어려운 것이다. 시장보다 똑똑해야 하고 매도인 중개인보다 시장을 잘 읽어야 한다. 시장을 잘 만나지 않는 한, 단기에 급등의 성과를 내기란 쉽지 않다. 급등기에 시장에 참여하여 성과를 한두 번 내 본 후, 자신의 실력을 과신하는 경우도 더러 보는데 실력이란, 남들이 벌지 못할 때도 꾸준히 수익을 낼 때 하는 말이지 시장이 급등할 때 함께 수익을 낸 것을 두고 말해서는 안 된다. 거듭 말하지만 투자는 어려운 것이며, 긴 시간을 몸담고 있어야 감이 잡히는 것이다.

소원 만 번 쓰기는
모나미의 소원만 이뤄 준다

당신이 영어를 잘하고 싶어 친구에게 '어떻게 하면 영어를 잘할 수 있겠냐?'고 물었는데 '나는 영어를 잘하게 될 것이다'를 만 번 써 보라고 한다면 어떻게 할 텐가? 아마 멱살을 잡거나 쌍욕을 뱉을 것이다. 과연 영어를 조금이라도 할 줄 아는 사람이라면 그런 말을 하겠는가.

나는 점포 개발을 하며 크고 작은 건물주들을 만나며 나름 다양한 크기의 부자들을 만나 왔다. 그들에게 업무가 끝나고 나면 '어떻게 하여 그렇게 부자가 되셨는지요? 지금 제 나이가 서른인데 지금 뭘하면 좋을까요?'와 같은 질문을 하곤 했다. 그랬는데 만약 '소원 만 번 쓰기'라고 하는 이가 있었다면 '너 모나미 주식 있냐?'라고 답했을 것이다. 물론 그렇게 뜬구름 잡는 이야기를 한 이는 단 한 명도 없었다. '네가 다니는 편의점에 납품하는 회사를 만들어보면 어떻겠냐?', '부동산에 대해 빨리 배워라', '일본에서 소매점 트렌드를 배워라', '회사일이든 무엇이든 일 잘하고 낙천적인 사람과 어울려라'와 같은 조언을 해주는 분들이 대부분이었다.

명심해라. 소원 만 번 쓰기는 모나미의 소원만 이뤄줄 뿐이다. 그걸 조언이라고 하는 사람은 분명 실전을 해보지 않은 사람이다. 그 정도의 간절함이 있어야 한다거나 그렇게 쓰다 보면 뇌나 정신이 도취되어 할 수 있는 자신감을 얻는다는 식의 주장을 하는 이가 있다면, 그것도 돈을 받고 하는 강의에서 그런 소리를 하는 사람이 있다면, 그는 아마도 부자가 되는 기술이나 경험이 있는 것이 아니라 그런 강의를 팔아먹고 부자가 된 사람일 가능성이 크다. 영어 실력은 소원 만 번 쓰기와 아무런 상관이 없다. 그냥 목표한 바는 책상머리에 한 번 써 놓으면 그걸로 족하다. 당신이 성장형 마인드를 갖고 있다면 된다.

투자나 재테크 쪽 강사를 보면 별 희한한 것들이 한가득이다. 상가나 토지를 한 번도 가져보지 못했는데 전문가랍시고 강의를 하는 사람도 있고 수강생을 구슬려 수업료 외에 투자금을 유치할 목적으로 강의를 하고 있는 인간도 더러 있다. 또 주택시장이 뜨면 주택 전문가 행세를 했다가, 지식산업센터가 뜨면 그리로 갔다가, 상가가 뜬다 싶으면 또 상가 전문가 행세를 하는 것들도 있다. 물론 전공을 옮겨 다닐 때마다 이 강의 저 강의 듣고 짜깁기 한 것에 지나지 않는 것들이지만.

그래서 조언을 구하고 싶을 땐 내가 바라는 바를 성취해 본 사람에게 물어야 한다. 그런 점에서 투자를 잘하고 싶다면 투자를 잘하는 강사가 쓴 책을 읽어야 한다. 강의도 마찬가지로 투자를 제대로 해본 사람이 하는 강의를 들어야 한다. 안 그러면 모나미의 소원만 들어주며 볼펜 잉크만 닳게 한다.

그런데 주의해야 할 것이 하나 있다. 이 바닥엔 양의 탈을 쓴 하이에나가 득실거린다는 점이다. 돈 욕심으로만 꽉 차서 남에게 경제적 피해를 입히는 것에 그리 죄책감을 갖고 있지 않은 것들이 많다. 앞에선 선한 인상으로 착한 척하고 있지만, 윤리교

육을 정기적으로 받는 회사원에 비해 돈은 많으나 윤리 수준은 그들보다 높지 않다는 것을 꼭 말해드리고 싶다. 물론 모든 강사가 이런 나쁜 이들만 있는 것은 아니다. 해를 끼치지 않으며 투자를 친절히 가르쳐 주는 이도 더러 있으니 말이다. 여러분들이 만나지 말아야 할 강사는 두 가지다. 하나는 알맹이가 없는 속 빈 강정형이고 다른 하나는 사기꾼형이 있다. 거듭 말씀드리지만, 이 바닥 강사들이 그리 윤리적이지 않다는 것이다.

속 빈 강정형은 자기가 투자를 잘하지 못하지만 수업에서 '삶의 태도'에 대해 강조하며 많은 시간을 보낸다. 그 빠듯한 수업 시간에 자기가 투자한 사례를 보여주기도 쉴 틈이 없을 텐데 아침에 일찍 일어나라, 아내한테 잘해라 등의 돈 버는 기술 그 자체와는 큰 상관이 없는 걸로 수업을 채우는 것이다. 실제로 강의 중 '아내를 위해'라는 표현을 자주 쓰며 책에도 자신이 가정적인 양 묘사한 강사가 있었다. 훗날 그는 이혼을 했는데, 그게 어느 여자 수강생과 ○○이 나서 그랬단 말을 여러 사람으로부터 들었다. 내체 돈 투자 기술이 좋은 것과 사람 좋은 것, 또는 가정적인 것, 아침에 일찍 일어나는 것과 무슨 상관이 있단 말인가? 지금 사위를 고르는 건가? 바른 생활을 하는 사람과, 바른 생활을 한다며 자신을 추켜세우는 사람은 완전히 다르다. 이런 강사들에게는 배울 것이 별로 없다. 대체로 가식이 많고 투자 성과는 별로 없는 경우다.

사기꾼형은 정말 위험한 종자들이다. 이들은 수강생에게 직접적인 피해를 끼치기 때문이다. 위 속 빈 강정형은 돈값을 못하는 강의를 할지언정 직접적인 돈을 받아 가로채는 일은 없다. 그런데 사기꾼형은 수업료에 통장 속 알토란같은 투자금도 노린다. 이들은 공동투자 명목으로 돈을 모아 자신이나 자신의 법인으로 투자를 하고 수강생들의 돈을 제 멋대로 운영한다. 가끔 수강생을 신설 투자법인의 주주로 등록시켜 주기도 하지만 그 돈이 어떻게 쓰이는지는 제대로 알 수 없게 해 놨다. 그래서 내 돈이 어떻게 운용되는지 알 수가 없고 그 강사에게 투자에 대한 것이 일임되고 주주 간 연락이 불가한 경우는 절대로 돈을 맡겨선 안 된다.

그런데 정작 이런 이들의 위험성은 또 다른 데 있다. 부동산 투자를 하다 보면 애매한 물건도 더러 만난다. 마치 갬블링을 하듯 도 아니면 모가 될 물건이 가끔 있다. (대개 모를 꿈 꾸다 똥이 되지만) 얼마 전 PD수첩에서 인천의 어느 섬을 하나 낙찰받은 경매학원의 투자 실태가 방송된 적 있다. 학원의 설명으로는 그 섬에 다리도 놓고 리조트로 개발하겠다는 장밋빛 전망으로 가득했지만, 결과는 삽도 떠보지 못한 채 다시 경매로 나온 처지가 되었다. 생각해 보라. 섬을 매입하여 리조트를 개발한다는 것이 얼마나 수지 분석이 어렵겠나. 레고랜드도 적자가 그리 심하다고 하는데 그 학원이 용인자연농원(영어로 Everland)이나 롯데월드(영어로 Lotteworld)도 아니고 그런 사업을 어찌 해낸단 말인가. 그야말로 남의 돈이니 도박 한번 시원하게 해본 거 아니겠나.

수강생 돈을 투자금으로 모으는 강사들에게는 또 다른 공통점이 하나 있다. 대체로 투자를 잘하지 못한다는 점이다. 투자를 잘하면 수강생 모집은 알아서 된다. 투자 사례가 알려지며 수강 문의가 줄을 잇기 때문이다. 그런 사례로 학원이 잘되면 거기서 생기는 여유자금으로 또 투자를 잘할 수 있다. 선순환이 되는 것이다. 그런데 투자를 못 하는 강사는 강의가 잘되지 않는다. 보여줄 투자 사례가 별로 없기 때문이다. 그렇게 되면 얼마 안 되는 수강생을 상대로 컨설팅을 하거나 투자금 유치를 하여 먹고 살 궁리를 할 수밖에 없다. 이렇게 되니 대개 수강생 투자금을 유치하는 강사는 부족한 실력으로, 자신의 호기심을 해소하는데 수강생의 돈을 투자하는 꼴이 만들어진다. 당신의 돈을 그런데 갖다 바치기 싫다면 어렵더라도 긴 시간 공부하고 스스로 실력을 쌓을 각오를 해야 한다.

과거 고졸에 법무사 사무실에 근무하던 경력이 있던 이씨, 그는 어느 날 느닷없이 서른아홉 살에 100억 원을 벌었다며 온갖 오글거리는 짓거리(ex. 부동산과 아무 상관 없는 영자 신문을 갖고 다님)를 하며 수강생 돈을 투자받았는데 2015년 사기 혐의로 4년 선고를 받고 국가의 보살핌을 받았다. 선한 부자로 자신을 칭하며 여러 수강생의 돈을 투자금으로 모아 온갖 괴상한 투자를 일삼던 이도 감옥에 있다. 대구의 어느 경제부 기자는 형편없는 실력에… 아무튼 감옥에 있다. 다세대 주택 분양 사업을 수강생 돈으로 해 오던 C씨도 감옥에 다녀 오셨고.

나는 2019년 1월 용인시 기흥구 보정동 종교용지를 낙찰받은 적이 있다. 그때 김종율아카데미 실전반에서 그 물건을 다루었는데, 수강생 14명만 여기 투자를 하였다. 매입가가 14억 2천만 원이었으며 이 중 은행 대출을 7억 원 받았으니 실 투자금은 7

억 2천만 원에 중개수수료와 취등록세 정도였다. 그런데 이 물건은 2023년 1월 무려 72억 2천만 원의 보상금을 받았다. 7억 원 정도를 투자해서 4년 만에 58억 원의 차액을 낸 것이다. 나는 이 물건이 큰 수익을 낸 것보다, 이렇게 좋은 물건을, 오직 수강생의 이름으로 투자한 것을 더 자랑스럽게 여긴다.

나는 저 좋은 물건에 왜 투자를 하지 않았을까? 좋은 물건이 아니라고 여겼는데, 우연히 좋은 결과가 나오니까 '좋은 건 수강생에게 줬다'와 같은 포장을 하는 것일까? 전혀 아니다. 나는 나 나름대로 좋은 투자를 많이 하고 있다. 당시 물건은 내가 14명의 수강생에게 권하길 50억 원 정도의 보상이 예상되는 물건이라 하였는데, 그 설명을 듣고선 서로 하겠다고 다툼이 생겨 내가 끼어들 틈이 없었던 것이다. 나는 이미 스타벅스DT 개발(유명브랜드가 입점할 만한 토지를 매입하여 해당 브랜드를 입점시키는 일)을 비롯한 다양한 부동산 투자를 통해 꾸준히 수익을 올리고 있다. 나 역시 좋은 투자를 충분히 하고 있기 때문에, 더 욕심을 내지 않고 좋은 물건을 수강생에게 권할 수 있는 것이다.

3장

돈 찌는 체질 3단계

회사에서 성과를 내면, 돈은 자연히 따라온다

원대한 목표 말고
주간 계획 50번이 인생을 바꾼다

목표가 없는 삶은 무료하다. 희망도 없다. 그러나 구체적이지 않고 뜬구름 잡기식의 목표는 망상에 불과하다. 현실에 안주하지만, 희망에 도취되게 하여 뭔가 꿈에 부풀고 스스로를 비전 있는 사람으로 착각하게 만든다. 당장 연소득 1억 원을 만들어 낼 구체적인 방안은 하나도 없으면서 무작정 "나는 훗날 100억 원대 부자가 되어 내 주변 사람들을 모두 돌보는 사람이 될 것이다"와 같은 소리를 나는 정말 싫어한다. 병신 같은 자기 위로밖에 되지 않는다.

　회사 생활을 하면 으레 주간 업무 계획 같은 걸 작성하게 된다. 심지어 군대 취사병만 되어도 주간 식단표 같은 것이 있다. 점포 개발이라는 특수한 업무를 맡았던 나는 월요일만 되면 지난주 업무 성과와 금주 계획을 발표하며 시간 관리와 목표 관리 등을 체계적으로 할 수 있었다. 그러다 문득 이런 생각이 들었다. 군대에서는 남의 밥을 체계적으로 해 주려고 주간 식단을 짜고(당시 해군 취사병이었던 나는 하사관인 조리장을 대신하여 주간 식단을 짜곤 했다.) 회사에서는 남의 회사 잘되라고 주간 계획을 짜는데 내 인생을 위해서도 주간 계획은 있어야 하지 않을까라는 생각이 스쳤다.

　그래서 대리도 달기 전인 2004년, 나는 주간 계획을 세워 생활을 하였다. 당시 카테고리를 4개로 나눠 업무 / 자기계발 / 건강관리 / 지출관리로 나눴다. 그리고 카테고리별로 세부 항목을 정하고 각 항목별 주간 목표를 기재하고 실행한 내용을 기입하게 했다. 그러면 각 카테고리별 점수가 나오고 이게 합해지면 전체 점수가 나오게끔 한 것이다.

　이를테면 자기계발에선 읽고 있는 책의, 읽겠다고 목표한 페이지만큼을 정했다. 나는 게으르기도 했지만 책을 빨리 읽어내질 못하여 1주에 1권 독서는 도저히 해낼 수 없었다. 그래서 2주에 1권씩 독서하길 목표로 잡았는데 이는 음주 생활과 병행하여도 충분히 할 만했다. 또 건강관리에선 주 2회 이하 음주를 목표로 삼았는데 거의 지키지 못하고 주 3회 이상은 마셨다. 또 돈 관리도 지출 목표치를 정해 놓고 이에 대한 달성률을 점검하였는데, 술이 한 번만 과해도 이 목표치를 초과해 버리기 일쑤였다. 사실 목표를 제대로 달성한 주간은 몇 년간 단 한 번도 없었지만 대개 70~80% 정도로 어떻게 보면 한심한 정도의 목표를 달성하며 살았다. 그럼에도 목표가 있으니 꾸준히 조금씩 하게 되었고 이게 누적되니 정말 큰 힘을 발휘하였다.

직장인들이 필요하다고 느끼지만 잘 해내지 못하고, 마음만 있지 실행이 어려운 항목은 무엇이 있을까? 인터넷으로 강의를 듣는 것, 헬스장에 가는 것, 독서 등이 대표적인 것이다. 이런 목표의 공통점은 무얼까? 딱 1주일만 안 하면 한 달이고 두 달이고 내내 안 하게 되기 십상이라는 것이다. 그러기에 주간 목표로 딱 잡아 놓고 있으면 목표 달성은 못하여도 아예 하지 않는 주간은 나오지 않고, 이게 자리 잡으면 나의 발전을 위해 꼭 필요한 것을 조금씩이라도 꾸준히 하는 습관이 밴다는 것이다.

내가 듣고 있는 인강(인터넷 강의)이 있다면 이걸 단숨에 다 듣겠다는 생각, 매일 한 시간씩 듣겠다는 과도한 목표는 버리는 것이 좋다. 우리는 고3이 아니다. 주 2회, 하루 2시간 정도는 수업을 듣겠다는 목표만 잡아 놔도 충분하다. 사실 공부란 것은 단숨에 몰아서 하는 것이 효과적이다. 강사가 전달하고자 하는 것에 맥이 더 잘 잡힌다고 할까? 그러나 우리 내신을 생각하자. 고3 때도 이뤄내지 못했던 목표를 이제 와서 하려 하면 금세 지쳐, 습관도 들이지 못한 채 인강도, 헬스도, 독서도 하지 않는 삶으로 추락하고 말 것이다.

천천히 하여도 꾸준히 하라는 것은, 단순히 방향을 설정하는 것이 아니다. 점차 체질을 끌어 올리라는 말이다. 이렇게 주간 목표를 설정하여 행하다 보면 점점 강의 듣는 것이, 운동을 하는 것이, 독서를 하는 것이 체질화되어 간다. 억지로 하던 것이 습관이 되고 몸에 익숙해져 가는 것이다. 그렇다. 돈 찌는 체질이 되어가는 것이다.

나는 결혼 전 유도와 복싱을 조금 배웠는데 둘 다 드럽게 못 하였다. 당시 내게 노력해도 실력이 늘지 않는 것 3가지를 말해 보라고 한다면 유도, 복싱, 키 크기라 답할 정도였다. 그러다 보니 복싱장은 끊어 놓고 주 1회만 가는 한심스러운 시기가 있기도 했지만 가지 않는 주간은 거의 없었다. 그러다 체육관을 한 번 바꿔보고, 함께 운동하는 사람들과도 인사를 나누며 점차 체육관에 나가는 횟수를 억지로라도 늘려 보았다. 그러니 진짜 놀랍도록 재미가 붙었다. 그러다 체육관에서 좀 한다는 20대 초반의 친구와 스파링을 붙어 보았는데, 어떻게 된 일인지 내가 이겨버리는 것 아닌가.

그 뒤로는 한층 더 재미가 붙었다. 심지어 한 주에 술을 마시는 횟수보다 체육관에서 복싱하는 횟수가 더 많아졌다. 그러다 한국복싱진흥원에서 주최한 생활체육대회에 체육관 대표로 출전하기도 하였다. 좋은 성과를 내진 못했지만, 내 평생 키 180cm가량의 남자 면상을 후려갈겨 본 최초의 시간이었다. (단, 내 몸뚱이는 만신창이가 되었다.) 유도도 그랬다. 처음엔 참 실력이 늘지 않았는데 하다 보니 실력이 조금씩 늘고 재미가 붙었다. 그렇지만 운동신경이 좋고 꾸준히 하는 이들을 따라 잡기엔 역부족이었다. 신입으로 들어온 사람이 열심히 하여 나를 금세 따라 잡기도 하였다.

그렇지만 나의 경쟁자는 체육관에 있는 것이 아니다. 복싱과 유도를 각각 몇 년 해놓은 뒤 일반인과 겨뤄 보니 상대가 되지 않았다. 한번은 술을 마시고 시비가 붙어… 아무튼 폭력은 나쁜 것이지만 나를 지킬 수 있는 정도의 무장은 꼭 필요한 것이었다.

투자 공부도 마찬가지다. 체질에 맞지 않으니 처음엔 어렵고 낯설고 습관도 배지 않는다. 그러거나 말거나 수학책이나 세계지리 공부하는 심정으로 매주 주간 목표를 설정하고 일정량을 소화해 내는 것이다. 그러면 자연스럽게 습관이 형성된다. 그러다 보면 주변에 성과를 내는 사람이 보이는데 자신은 그러지 못하는 것에 자책을 하기도 한다. 그러나 경쟁자는 돈 공부를 일절 하지 않는 90%의 일반인이다. 공부를 함께하고 있는 선수들이 아니다. 그러니 꾸준히 하여 재미를 들여놓으면 독자 여러분 주변인들보다 집을 하나 사도 빨리 사고, 가격이 좀더 오를 것을 사게 될 것이다. 꾸준히 돈 공부를 하며, 재미없어도 주간 목표를 설정해 놓은 이상, 한 번이라도 들여다보게 된다면 당신은 이미 상위 10%에 안착하게 된 것이다.

20대 시절, 주간 목표를 매우 현실성 있게, 아주 낮은 정도로 잡아 놓고 생활하였지만 그걸 제대로 달성한 주간은 단 한 번도 없었을 것이다. 그렇다고 달성 점수가 70점 아래로 내려간 적도 없었다. 지금 생각해도 주 2회 이하 음주 목표를 56주 연속 달성하지 못했던 내가, 지금 이렇게 경제적으로 잘살고 있고 정상 간 수치로 살고 있는 것이 신기하다. 그러나 돌이켜 보면 주간 목표가 있었기에 금주하는 날도 많았고 금주하는 날은 여지없이 좀더 많은 양의 독서를 하거나 강의를 들었던 기억이 있다. 주간 목표가 아니었다면 술을 마시지 않는 날은 그냥 빈둥대며 하루를 보내고, 다음 날 출근을 기다리지 않았을까?

주간 계획 50번이면 대략 1년이다. 그렇게 1년만 해보라. 거듭 말하지만 너무 높은 목표를 잡지 말고 달성률이 저조해도 꾸준히 유지해 보라. 슬슬 돈 찌는 체질로 올라오고 재미도 붙을 것이다. 그리고 목표에 한 걸음 다가가게 될 것이고.

우리가 더 잘 살기 위해서 최저임금을 올리는 것이 맞을까? 이 질문에 절반 정도의 사람은 '알바가 고생하는데 좀 더 벌었으면 좋겠다' 또는 '물가가 이렇게 비싸니 알바비도 당연히 올라야 한다'와 같은 의견을 내는 사람일 것이다. 또 나머지 절반은 '생산성 이상의 인건비 인상은, 비숙련 노동자의 일자리를 없애고 자영업 경기를 위축시킬 것이다' 또는 '이미 물가가 많이 올랐는데 인건비가 오르면 더 심한 물가 상승이 있을 것이다'라고 말을 한다. 어떤 인생관이 정답일까?

돈에 대한 것도 마찬가지다. 가족 중 누군가에게 돈에 대한 인생관을 한번 물어보라. 돈보다 중요한 것이 많고 그것들을 추구하며 살아야지, 돈을 좇는 인생은 불행한 것이라는 식으로 답을 하는 이가 있다면, 그 사람과 친분을 유지하며 자수성가를 하기란 쉽지 않다. 내가 주말에 투자나 부업에 관련된 공부를 하기 위해, 아침에 일찍 일어나 공부나 모임 같은 곳을 나갈 때 힘이 되어주지 못하는 경우가 잦기 때문이다. '돈이 그렇게 좋아? 주말엔 가족들과 나들이도 가고 외식도 해야 할 거 아냐?'라는 말을 가족에게 들어가며 부가적인 수입을 쌓기란 쉽지 않다.

'돈이 제일 좋지. 돈이 있으면 효도도 쉽고 건강 챙기기도 쉽고 자식들 뒷바라지도 쉽고 나도 좀더 안락하고 좋은 환경에서 살 수 있잖아'라고 말하는 이가 있다면 어떨까? 학업이나 직장생활을 겸하며 투자나 부업을 하려 할 때 응원군이 되지 않겠나? 오히려 좋은 학원이나 전문가가 어떤 사람인지 같이 찾아보고 긴종율TV 같은 것도 함께 구독하곤 할 것이다. (꼭 해주세요!) 이런 경우는 함께 들여다보고 고민하였으니 행여 투자가 잘되지 않았을 경우에도 책망하거나 비난하는 일이 훨씬 적다.

또 하는 말이지만 투자라는 것은 어려운 것이다. 나같은 강의 팔이가 한두 달 배워 돈이 쑥쑥 벌릴 것처럼 광고를 해댈 뿐이지, 진리는 긴 시간 그 흐름에 몸담고 있어야 한다. (물론 3년쯤 해보면 점차 쉬워진다. 그전까지 어렵단 말이다.) 그런데 그 긴 시간이 흐를 동안 지원군은커녕 가족이 반란군처럼 군다면 속 시끄러워서 투자 공부나 사람 만나는 걸 제대로 할 수나 있겠나.

부모가 가난한데 당신이 부자가 될 가능성이 있다면 돈에 대한 관점 차이로 많은 다툼이 발생할 것이다. 모든 일에는 전조증상이라는 것이 있다. 부자가 될 전조증상 중 가장 첫 번째로 나타나는 것이 바로 가까이 있는 가난한 사람과 돈에 대한 생각의 차이다. 그게 가족이고 부모 자식 간이면 다툼으로 이어지기 십상이다. (그러나 당신이 돈이 아닌 다른 걸로 부모님과 다투고 있다면 그건 중2병이 아직 낫지 않은 것이다.)

부자가 될 사람과 그렇지 않은 사람은, 돈, 부자, 기업, 직업, 임금 등 돈에 대한 직간접적인 모든 것의 의견이 대립될 수밖에 없다. 부자가 될 사람은 부자를 존경하고 내 나이나 처지에 무엇을 해야 할지 자문하려 하지만 부자가 될 가능성이 낮은 사람은 부자를 그저 시기하고 돈만 좇는 나쁜 사람으로 치부한다. 동화책의 놀부 보듯 부자를 이해하고 있는 것이다.

그럼 이러한 반대를 뚫고 부자가 되려면 어떻게 해야 할까? 투자는 어려운 것이라던데 어느 세월에 부자가 되어 그들의 콧구멍을 벌렁거리게 해 줄 것인가? 우선 사귀는 사람이 있는데 돈에 대한 철학이 맞지 않으면 결혼하지 않는 것이 좋다. 돈에 대한 철학이 다른 사람과 결혼하여 행복한 가정을 꾸리는 경우는 잘사는 흥부 말고는 거의 없다. 이미 결혼을 하였거나 혼사가 오가는 상황이라면 부모님이라 생각하고 이들을 설득 시켜 나가야 한다. 돈 싫다는 사람 중에 진짜 가족이 돈 잘 벌어오는 것까지 싫어하는 사람은 없다. 그러니 하나씩 보여주면 된다. 나 역시 가족들을, 그렇게 입증을 통해 설득시켜 왔다.

군대를 가기 전부터 알바를 하여 돈을 모았던 나는 1998년 9월 제대할 무렵 800만 원 정도의 목돈이 있었다. 취사병이었던 나는 점심 식사 후 저녁 준비 전까지는 거의 공부를 하였는데, 경제신문과 국일증권연구소에서 나온 주식투자 책을 즐겨 읽었다. 그렇게 제대를 하고 며칠 뒤 당시 장외주식 중 가장 유망한 주식으로 꼽히는 한국통신 프리텔 주식(KTF라는 이름으로 상장하였고 이후 2009년 KT와 합병되었다.)을 액면가 9,000원에 300주(270만 원)를 투자하기로 마음 먹고 관련 서류를 우편으로 받기로 했다. 제대 후 1주일만 놀고 바로 공장 알바를 나갔던 나는, 어머니에게 이런 내용을 설명하고 장외주식에 대한 우편이 올 것이니 잘 받아 놓아 달라고 신신당부를 하였다. 그런데 내 어머니는 '젊은 놈이 땀 흘려 열심히 돈을 벌 생각은 않고 요행만 바란다'라며 그 주식을 반송해 버렸다. OMG! 그리고 1년 뒤 그 주식은 경기 회복과 함께 상장이 가시화되며 4~5만 원에 거래가 되었다.

이 일이 있고 나는 경제적 문제에 대해서는 부모님과 일절 상의를 하지 않기로 마음 먹었다. 당최 반여2동 방구석에 앉아 경제에 대해 아무런 공부도 하지 않는 부모님과 돈 문제를 상의해 가며 돈을 불리기란, 수학 공부를 하지 않는 친한 친구와 수학 문제를 머리 맞대고 푸는 것과 다를 바 없다. 그게 어쩌면 내가 부자가 될 첫 번째 징후였는지도 모르겠다.

이후 대학을 다니며 알바를 꾸준히 하였던 나는, 경기도 수원시 영통구 일대의 멋진 아파트를 보며 죽기 전에 이런 아파트를 한번 사 보는 것이 꿈이었다. (지금은 영통의 아파트 33평형을 1년에 두어 개 살 만큼 돈을 번다.) 그러기 위해 무엇을 해야 하나 고민하던 나는 우연히 당시 주택은행에서 나온 청약저축이란 것에 대해 관심을 가지게 되었고, 이후 주민등록을 부모님 아래에서 독립한 뒤 청약저축에 가입하였다. 그때 주민등록을 부모님 아래에서 뺄 올 때도 부모님은 주민세도 나오고 부모 밑에 있는 게 좋지 않냐며 주민등록을 빼는 것에 반대하였지만 한국통신프리텔을 언급하니 더이상 반대를 하지 못하였다. 이후 그 청약저축이 스물아홉 살에 아파트 당첨으로 이어졌고, 부동산 투자를 위한 든든한 총알이 되었다.

자 그렇다면 당신의 부모나 배우자가 반대한다면 어떻게 할 것인가? 일단 설득과 지지를 받기 위해서는 성과를 내거나 그전에 당신이 맞고 부모나 배우자가 틀렸다는 것을 한번은 보여줘야 한다. 내가 몸이 아프면 의사의 말을 들어야지 나를 더 사랑해주고 아껴준다는 이유로 부모나 배우자의 조언을 따르면 병을 더 키우기만 할 수도 있다. 돈에 대한 조언도 마찬가지다. 오직 내가 가고자 하는 길로 경제적 성과를 내 본 사람의 말, 그것도 그 분야에 해당하는 조언만 들어야 한다. 주식투자를 잘 하는 사람에게 부동산을 물어선 안 되고 무주택자인 부모님이나 배우자에게 부동산을 물어서도 안 된단 말이다.

다툼이나 의견 충돌이 생기면 '부자가 되려나 보다…' 라고 기쁘게 생각하고 즐겨라. 그리고 절대로 물러서지 않길 바란다. 만약 배우자가 주말에 부동산 투자 학원 같은 데를 나가는 것을 반대하며 '주말은 가족끼리'를 외친다면 어떻게 해야 할까? 나의 경우는 주말에 가족 여행을 가급적 부동산 물건지로 하였다. 결혼 전에는 함께 부동산 조사를 하기도 하였다. 가족 여행이라는 것이 함께 고기나 뒤집으며 시간을 보내면 되지, 꼭 개발 가능성도 없는 곳에서 시간을 보내야 하는 것은 아니지 않나. 그리고 작은 성과라도 나면 반드시 과장하여, 가족들을 설득하는 도구로 삼아라. 긴 시간 투자를 해서 큰 성과를 내지 말고 처음엔 작은 성과만 내더라도 이를 가족에게 알려 지지를 받는 것이 좋다. 특히 배우자의 경우엔 그가 갖고 싶은 것을 사라고 현금 뭉치를 툭 하고 건네주면 몇 년간 지지를 받는 데 아주 효과적이다.

비만인 사람과 입맛이 다르면 당신은 날씬한 사람이 될 징조

연합뉴스 구독중

비상장 정보통신주가 동반 강세

입력 1999.08.23. 오후 9:14

공감   댓글

(서울=연합뉴스) 김형태기자= 비상장 정보통신 주식이 최근들어 강세를 보이면서 활기를 띠고 있다.

24일 관련업계에 따르면 내달중 코스닥 상장을 추진중인 한국통신프리텔(016)의 경우 불과 1-2개월전에 주당 4만원선에 불과했으나 코스닥 및 나스닥 상장계획이 전해지면서 강세를 유지해 현재 6만3천~6만4천원선에서 거래가 형성되고 있다.

한솔PCS(018) 역시 6개월전만 해도 주당 6천원선에 불과하던 것이 경쟁업체인 한통프리텔의 강세에 힘입어 강세로 돌아섰고 최근들어 연말까지 코스닥에 상장한다는 소식이 전해지면서 3만2천원선에서 가격이 강하게 형성되고 있다.

LG텔레콤(019)의 경우 아직 코스닥 상장계획이 없음에도 불구하고 PCS(개인휴대통신) 주식의 강세에 인해 동반 상승해 주당 3만원까지 오른 상태이다.

신세기통신(017)은 명의개서가 가능한 개인소유 주식의 경우 2만8천500원선에서 거래가 되고 있고 법인물량은 명의개서가 불가능함에도 불구하고 2만5천원까지 올라 있다는 것.

어머니의 반대로 한국통신프리텔 장외주식을 사지 못한 채 1년쯤 지나 상장이 가시화되며 장외에서 6만 원대에 거래가 되었다는 뉴스. 이런 썩을…

출처 : 연합뉴스

이다. 마찬가지다. 경제적으로 여유가 없는 사람과 돈에 대한 관점이 달라 마찰이 빚어진다면 그것은 부자가 될 징조다. 다만 설득을 위해선 '입증'이 필요하다. 입증이 되기까지 스트레스를 너무 받지 말고, 대화와 설득과 타협과 협박과 짜증과 분노를 통해 반드시 이겨내길 바란다. 가족의 지지를 받고 나면 그다음부터는 한결 수월해진다.

직장을 다니며 부동산 공부한 이야기

회사를 다니며 부동산을 포함한 투자 공부를 한다는 것은 쉬운 일일까? 절대 그렇지 않다. 회사 업무만 매달려도 동료에게 업무 성과가 뒤처질까 걱정이 되는데 칼퇴근을 하고 정해진 시간 (대개 저녁 7시다)까지 교육기관에 도착한다는 것은 여간 어려운 일이 아니다. 거기다 한두 번 수업에 펑크를 내면 그만 의욕이 꺾여서 학습을 그만두는 계기가 되기도 한다.

현실이 이러다 보니 투자에 대한 공부를 이야기해 보면 거의 모든 직장인은 '시간이 없다'는 이유를 댄다. 맞는 말이다. 일반인, 그러니까 평범하게 살다가 50살 전후에 회사에서 명퇴라도 당하면 몸값을 대폭 낮춘 일을 찾게 될 일반인에게는 맞는 말이다. 그러나 부자가 되고 싶다면 답을 찾아야 한다. 어떤 구실을 대서라도 주 1회 정도는 시간을 내서 정해진 시간에 책상에 앉아야 한다. 게다가 요즘이 무슨 미싱공장 야간에 철야 찍어가며 일하던 시대도 아니고 주 1회 정도 칼퇴하고 공부하러 가는 게 뭐가 어렵단 말인가. 정 안 되면 인터넷 강의도 넘쳐나지 않나. 그리고 (공부하라고 하면 갑자기) 목숨같이 여기는 그 회사가 쉰살 정도만 되어도 명예퇴직 희망퇴직같은 걸 받지 않나? 임원되지 못하면 자리가 위태위태해질 텐데, 그 전에 빨리 살길을 구축하는 것이 낫다.

《나는 마트 대신 부동산에 간다》의 저자 김유라님에게 평소 상당한 존경심을 갖고 있다. 그녀가 갓 책을 냈을 때 '미래 에셋이 아닌 현재 에셋'인 아줌마의 성공스토리라며 그녀의 책을 주변에 권했다. 그녀의 독서법을 보면 한마디로 '핑계가 없다'이다. 애를 업은 채 독서를 하거나 TV를 멀리하고 시간관리를 철저히 해가며 공부와 투자를 병행하였음을 알 수 있다.

‘그래, 부자되는 길이 쉬울 리있나’

이게 늘 내가 갖고 있는 생각이다. 3년이 세 번 구른 9년 뒤에 부자가 될 것이라면 지금부터는 시간 관리, 투자를 위해 반드시 공부할 시간을 마련하는 습관을 들여야 한다. 안 된다는 생각을 하면 안 될 구실만 보이고 된다고 생각하면 해낼 방법만 보이는 법이다.

내가 GS리테일을 다니며 모 대학의 산학협력기관에서 토지개발과정을 공부할 때다. 당시 그 대학에 저녁 7시 수업이 시작되었는데 점포 개발 업무상 현장 퇴근이 많다보니 저녁 7시에 매번 맞춰 출석을 하는 것이 여간 어려운 일이 아니었다. 그러나 나는 단 하루도 1분도 지각하지 않았다. 오히려 맨 앞자리에 앉아 교수님께서 말씀해주시는 어려운 토지 용어를 하나도 흘리지 않고 받아 적었다. 당시 경기도 화성시 점포 개발 담당을 맡고 있었는데 화성시는 공장이 많아 한식뷔페가 많았다. 한식도 좋아하고 뷔페도 좋아하는 나는 11시 30분이면 식사하러 들어가서 10분도 채 걸리지 않아서 식사를 해치워 버렸다. 여기서 시간을 버니 5시 30분쯤엔 ○○대학을 향해 출발하는 것이 무리가 없었다. 저녁은 대개 우유와 삶은 달걀과 김밥을 운전하며 먹었는데 매일 그렇게 먹는 것이 아닌 딱 주 1회만 그렇게 한 것이었다.

공부를 할 때는 맨 앞 자리에서 펜을 들고 선생님께서 하시는 농담이나 비유까지 받아적으며 수업 내용을 기록했다. 그런데 며칠만 지나도 그 수첩의 내용이 정확히 기억나지 않았다. 필기를 받아쓰기 시험을 치르듯 해버렸더니 법률 용어에 대한 설명이 어느 것에 대한 것인지 명확하지 않았다. 그래서 그 다음부터는 그날 수업듣고 온 내용을 그날 깨끗하게 보기 좋게 정리를 해 버렸다. 그랬더니 자동 복습이 되고 다음에 찾아보려 할 때도 알아볼 수가 있어 매우 마음에 들었다. 그 자리에 수업을 들으러 오는 이들은 대개 부동산 투자를 좀 해본 분들이고 공인중개사도 상당히 많았다. 뒤풀이라도 할 땐 실력과 재력에서 상당히 뒤처지다 보니 위축되기도 했지만 굴하지 않고 매주 그렇게 공부하고 정리를 해 나갔다. 그리고 대망의 졸업 시험에서 니는 당당히 전체 2등을 차지했다. 60여 명의 전문가들 틈바구니에 끼어 있던 김종율 대리가 해낸 것이다.

　학원비를 아껴야 했던 당신의 나는 부동산에 대한 기초 공부가 좀 되어 있는 형님 동생들이 모인 스터디 모임에 자주 나갔다. 한번 모일 때마다 1만 원의 회비를 갹출하는 곳이었는데, 나는 이곳에서도 꽤 열심히 활동을 하였다. 매주 뉴스 스터디를 하고 이슈에 대해 공부를 했고 스터디를 마친 후에 있는 뒤풀이도 거의 모두 참석하였다. 거기서 들려주는 선배님들의 야전 지식이 상당히 도움이 되었기 때문이다.

　학원만 다닌다고 공부가 되고 투자가 되겠나. 절대 그럴 리 없다. 나 스스로 뉴스도 찾고 물건도 찾고 주 1회 정도는 답사 및 물건 조사를 해야 실력이 향상된다. 그러기에 퇴근을 하면 대개 먼저 잠을 청했다. 그럼 와이프가 7시쯤 퇴근을 해서 오는데 그때 일어나 함께 저녁을 먹었다. 당시 맞벌이를 하고 있던 와이프가 일찍 잠이 들면 초저녁 쪽잠으로 에너지를 비축해 둔 나는 그때부터 본격적인 공부를 또 하였다. 저렴한 인터넷 강의를 듣기도 하였지만 대개는 답사갈 만한 물건을 찾고 뉴스 조사를 하는데 썼다. 새벽2시까지는 그런 걸 했는데 술이 고프면 술을 한 잔씩 마셔가며 하기도 했다. 거의 모든 여유시간을 부동산 공부와 투자를 위해 쏟아부었던 시간이다. 결혼 전부터 TV가 없었던 나는 결혼 후에도 한동안은 집에 TV를 들이지 않았다. 분명 공부에 방해가 될 것이기 때문이다.

그렇다면 답사와 투자는 어떻게 했을까? 이야기를 하려면 어떻게 했다는 설명에 앞서 얼마나 재미를 느끼고 있었는지 말해야 할 것 같다. 2010년 이후 무렵엔 투자에 성과를 어느 정도 내면서 점점 나 자신이 '정승아'(정주영 장승수 김연아)가 되어가고 있었다. 뭔가 힘든 상황임에도 극복하려 노력한 것이 아니라 어딜 가든 그 지역 부동산에 대해 알아보는 것이 그리 재미있었다. 식당을 가도 매출이나 상권, 경기 등에 대해 사장님과 대화하길 즐겼고 낯선 곳에 가족 여행이라도 가면 가족들 모두 잘 때 몰래 나와 밤새 그 도시를 돌아다니며 야간 상권이 어떠한지 살피곤 했다. 돈이 없어 투자를 하지 않을 것이 명백함에도 부동산에 대해 알아가는 것이 정말 재밌었다. 세이노 선생님의 책 157페이지에 있는 가르침 '세 번은 질리고 다섯 번은 하기 싫고 일곱 번은 짜증이 나는데 아홉 번째는 재가 잡힌다'라는 말이 딱 들어맞아 가고 있는 순간이었다.

2008년에 결혼을 하고 결혼 초기였던 당시 나의 처가는 전라도 여수시 돌산읍 우두리에 있는 작은 민간 임대아파트에 거주하고 있었다. 가정형편이 좋지 않은 것을 잘 아는 나는 여수에 가면 대형 평형 주택 중 유찰이 많이 된 것을 찾아 답사를 하곤 했다. 2011년 설 연휴에는 부산에 밤늦게 도착하여 가족과 짐만 내리곤 부모님 얼굴도 뵙는 둥 마는 둥 하고 바로 동래구 온천동에 있는 모텔 경매 건을 답사했다. 그날 답사를 하며 모텔 세입자와 여러 이야기를 나누었는데 마음이 잘 맞아서 문어 숙회에 소주도 같이 한잔하였던 기억이 있다. 아주 솔직하게 부탁조의 말을 꺼냈던 것이 그의 마음을 샀던 것이다.

"저는 부동산을 이제 조금 배워가는 사람입니다. 저의 부모님이 이런 모텔을 하나 운영하거나 임대했으면 하는 마음에 부모님을 대신해서 와 봤습니다. 혹시 사장님이 입찰하실 거면 제가 그냥 갈게요. 혹시 그게 아니라면 제게 정보 좀 주실 수 있을지요?"

그가 무려 2억 원이나 되는 보증금을 떼이는 입장인데도 내게 정보를 주겠다며 여러 이야기를 터 놓고 말해 준 것이었다. 이 일을 계기로 나는 숙박업소를 포함한, 손실을 크게 입는 세입자에게 어떻게 접근하고 대화를 하면 정보를 얻을 수 있는지 깨우치게 되었다. 물론 아침에 어머니에게 경추가 휘어질 만큼 등짝 스매싱을 당했지만. (※ 사건 번호 2010타경8661의 물건이었는데 나는 돈이 없어 입찰을 못하고 나의 답사 설명을 들은 지인이 입찰을 하였다가 떨어졌다.)

많은 이들이 강의를 듣고 스터디 모임에 나가는 정도가 부동산 투자 공부의 끝이라 여기는데 절대 그렇지 않다. 반드시 답사와 물건 조사를 병행하여야 한다. 그런데 답사나 조사를 어렵다는 이유로 잘 하지 않으려 한다는 것을 잘 알고 있다. 나 역시 처음엔 어려웠다. 도로 계획, 철도 계획 등에 대해 시행자에게 문의를 하려 해도 어디부터 전화하여야 할지 몰랐고, 무얼 물어봐야 할지 몰랐다. 호재가 있는 지역이라 하여도 대체 뭘 물어봐야 할지 몰랐다. 그럴 땐 '사장님 현금 1억 원 있는데 돈 되는 땅 좀 주세요'라고 솔직하게 말했다. 덧붙이길 '이 지역이 그래도 철도가 들어온다고 하니 돈 되는 게 좀 있지 않겠어요?'라고 덧붙이면서 말이다. 내 어설픈 제안에, 투자를 하지 않을 것을 알고 단번에 문전박대를 하는 이도 있었지만, 더 많은 분이 지역 호재에 대해, 내가 알고 있던 것보다 상세히 설명해주고 물건도

권해줬다.

직장생활을 하며 투자에 대한 공부를 깊이 있게 한다고 하면 다들, 회사 일은 뒷전이라 여기곤 한다. 나 역시 그런 눈초리를 받곤 했다. 하지만 나는 2010년엔 부산, 경남 진주시 등 지방을 포함한 여러 곳에서 여섯 건의 부동산 투자를 했고 그해 말 재직 중이던 GS리테일에선 우수사원상을 받았다. 그게 내 직장생활의 세 번째 우수사원상이다. 남들은 회사 업무만 해내기도 벅찬데 어떻게 그게 가능하냐고? 나는 이 해에 여름휴가를 가지 않았다. 주어진 연차를 모두 경매 물건 입찰이나 해결에 소진한 탓이다. 그렇다고 내가 놀고 싶은 걸 꾹 참아가며 일을 한 것은 결코 아니다. 돈 버는 재미보다 더 재밌는 휴가는 없다. 나는 이때 그걸 알아 버렸다.

지금은 내가 제법 투자를 잘하지만, 처음엔 당연히 초보였다. 하지만 차츰 실행하고 겪어가며 바뀌게 됐다. 아직도 답사가 재밌어지던 시점을 선명하게 기억하고 있을 정도다. 그때부터 부자가 될 운명이 싹튼 것이라 믿는다. 세상 모든 것은 손에 익을 때까진 어렵고 힘들다. 그러나 그 고비를 넘기면 점차 쉬워지고 재

있어진다. 돈 버는 것이, 내가 모아 놓은 조그만 목돈이 나를 졸졸 따르며 커가는 것이 재밌어지는 때가 온다. 내 책의 독자들이 빨리 그 시기를 맞이하길 바란다.

회사 일과 투자를 병행하기 힘들 땐 아부를 하라

회사 생활 내내 품행제로라는 별명을 달고 살았던 나는 아부라곤 거의 하지 않았다. 아부를 한다는 것이 무언가 비굴하고 떳떳하지 못하며, 실력으로는 인정받을 자신이 없기 때문에 하는 행동처럼 여겨졌기 때문이다. 그런데 돌이켜보면 이는 내가 당당한 성품이어서가 아니라 그냥 성격이 지랄맞고 속된 말로 지 잘난 맛에 사는 사람이기 때문이었단 생각이다. 직장 생활 전체를 통틀어 가장 후회가 되는 것이 '왜 아부를 그것밖에 못했을까'다.

어느 유통회사에서 근무를 할 때다. 점포 개발팀 회의를 하는데 당시 팀장님이 회의 시간에 아주 엉뚱한 이야기를 하는 것이었다. 권리분석에 대해 이야기하며 이런 말을 했다.

"여러분 등기부를 볼 때 주의해야 할 것이 있어요. 등기부에 없어도 인수해야 할 권리가 있는 것입니다. 예를 들면 분묘 기지권 같은 것!"

이때 팀원 모두는 수첩에 팀장님의 회의 내용을 받아 적고 있었다. 그런데 경매 공부를 오랫동안 해온 나는 퉁명스럽게 이런 말을 했다. 그것도 모든 팀원 앞에서.

"여기서 분묘 기지권이 왜 나옵니까?"

분묘 기지권이라는 것은 분봉(묘) 주변을 제사 지낼 목적으로 사용할 수 있는 권리다. 상가를 계약하는 우리에겐 분봉이 있을 리 없다. 그런데 문제는 누구에게 있나? 그것은 팀장에게 있는 것이 아니라 그걸 굳이 그 많은 사람 앞에서 드러낸 나 자신에게 있다. 이것이 시간이 지나 내가 스스로에게 내린 결론이다.

그 자리에 함께 있는 그 많은 선후배들은 팀장이 틀린 말을 한 것을 과연 몰랐을까?

회사 생활을 오래 한 동료들을 보면 다들 성품이 나보다 몇 곱절 좋다. 나는 업무 성적은 나쁘지 않았지만, 회사를 오래 다니진 못했을 것이다. 동료들이 성품이 좋다는 것은 아부를 잘한다는 것이 아니다. 그들은 진정으로 선배를 존경하고 혹시나 존경하지 않더라도, X같은 일에 부딪혀도 앞에선 참아내는 인내를 가진 사람들이었다. 그런데 나는 기분이 나쁘면 얼굴에 다 드러내는 사람이었다. 직장 생활과 겸하여 부업이든 투자든 하려는 사람이면 절대 나처럼 해서는 안 된다. 이건 분명 마이너스다.

성품이 안 되면 억지로라도 아부를 할 것을 권한다. 왜 그럴까? 그렇게 못하는 당신의 성격이 부족한 것이다. 직장을 다니며 투자를 하려면 반드시 공부를 해야 한다. 그러다 보면 근무 시간에 딴짓을 조금 하기도 하고 조금 일찍 퇴근하여 학원으로 가야 할 일도 있을 것이다. 업무 효율은 또 어떨까? 일단 업무에 효율이 생겨야, 칼퇴를 하고 공부나 자기계발을 할 시간을 확보하기 유리해진다. 자기에게 귀염 떨고 비위를 잘 맞춰 준 부하직원의 보고가 더 진실성 있어 보이는 것은 당신이 상사가 되어도 마찬가지일 것이다. 거듭 말하지만 아부를 하는 동료들이 비굴한 것도, 먹기 살기 위해 자존심을 버리는 것도 아니다.

좀 전에 언급했던 분봉 팀장에게 한번은 아부를 작정하고 해 본 일이 있다. 나는 그를, 젊을 때 술을 그리 많이 마셔 놓고도 지금은 건강관리를 포함한 자기 관리를 철저히 하는 모습이 존경스러우며, 그 어떤 보고서도 허투루 보지 않으며 예상 매출에 대해 함께 고민해주시는 것에서 진정한 리더십이 엿보인다고 하였다. 그랬더니 회사 생활하기가 여간 편한 것이 아니었다. 출점하려는 점포마다 잔소리에 재보고를 할 것을 명하던 그가 나에게 업무 자세가 달라졌다며 재보고 없이 바로 결재를 해 주는 것이다. 분봉 같던 회사 생활이 확 피게 되었고 정말 그 어느 해보다 부동산 투자 공부를 깊이 있게 할 수 있었다. 결국 나는 그해 6건의 부동산 투자를 한 것은 물론 업무 성적이 좋아 세 번째 우수사원상까지 받게 되었다. 그냥 상사를 보는 눈 하나가 달라진 것뿐인네 말이다. 퇴근 후 내 시간을 확보하는데 이보다 좋은 단기적 처방은 없을 것이다.

이는 내가 사장이 되어 월급을 줘 보니 훨씬 더 잘 보인다. 꼰대인 내가 말하는 개똥철학을 MZ 세대인 직원들이 듣기 좋아할까? 나는 내 회사 직원이나 거래처의 직원에게 이런 저런 인생 조언을 하곤 하는데, 내 얘기를 깊이 있게 들어주고 호응해 주면 내게 좋은 감정을 갖고 있는 듯하여 뭐라도 하나 더 주고 싶어진다. 결국 사람은 내게 호감을 가지고 있는 사람의 말이나 글에 호감을 더 가지는 것 아니겠나.

자신의 집 프린터에 A4용지가 다 떨어졌다고 회사에서 용지를 한 뭉치 들고 집에 가져가는 이는 없을 것이다. 집에 생수가 없다고 정수기에서 물을 받아 가지도 않을 것이다. 그런데 회사 생활을 하다 보면 이보다 훨씬 더 많은 도둑질을 하는 사람들을 만나곤 한다. 바로 일하라고 주어진 시간에 외근을 나가 딴짓을 하거나 담배를 피우며 30~40분을 수다 떨고 들어와 다시 일하는 사람들이다. 도대체 왜 그리 업무시간 도둑은 많을까.

　나라고 업무시간에 뭐 그리 열심히 했겠나. 술 마신 다음 날엔 차에서 눈붙이는 일도 좀 있고 업무가 잘되지 않는 날엔 친한 부동산에 들러 수다 떨고 밥도 얻어먹곤 했다. 그런데 시간이 지나 보니 회사 다닐 때 업무시간을 철저히 관리했던 사람들이 나와서 자기 사업도 대체로 잘하는 것이 눈에 띄었다. 게다가 우선 주어진 업무시간을 업무에만 보내면 내가 회사 일로 스트레스 받을 일이 별로 없다. 업무가 뒤처질 일이 별로 없기 때문이다. 그런데 더 큰 수확은 다른 데 있다. 시간 관리를 체계적으로 하게 되는 것이 몸에 밴다는 것이다. 그렇게 되면 회사를 다니며 투자를 하거나 공부를 할 때도 이 습관이 고스란히 몸에 밴다. 시간을 생산적으로 쓰는 것에도 익숙해져서 빈둥대는 시간을 줄이는 습관을 들이게 하고, 점차 자신이 시간을 효율적이며 생산적으로 쓰는 데 익숙해지게 된다.

　그래서 회사에서부터 근무 시간에 딴짓하는 것은, 당신 급여의 두 배 정도의 도둑질을 하는 것이라 여겨라. 가끔 회사에서 농땡이를 피우고 월급 받는 것을 당연하게 여기는 동료들도 있었다. 똑같은 월급을 받는데 더 열심히 하는 게 손해라는 논리다. 20~30대에 그런 생각을 갖고 있던 동료들 중에 지금도 잘

사는 사람은 단 한 명도 없다. 회사 생활을 잘하는 사람이 나가서도 잘한다는 고리타분한 이야기의 진실은, 시간 관리를 잘하고 뭐든 좀더 잘하는 습관을 월급쟁이 때부터 습관화하라는 가르침이었다.

한창 부동산 공부를 하던 2005년 어느 날, 퇴근을 하고 빨리 공부를 하고 싶었던 나는 천안을 비롯한 충청도 지역에 외근이 잡혀 있었다. 평소보다 외근 나갈 준비를 서두르던 나는 급히 점심을 하고 외근을 나가려다 실장님과 마주쳤다. 평소와 다른 모습에 뭔가 이상함을 느낀 실장님은 나를 멈춰 세우곤 무슨 약속이 있냐고 물으셨다. 나는 시간 순서대로 약속을 줄줄 말씀드리자 그걸 다 할 수 있겠냐고 반문을 하셨다.

나의 전략은 다음 약속 장소로 가는 동안 최대한 업무에 대한 내용을 전화로 협의를 마치는 것이었다. 당시 외근직들의 로망이었던 내비게이션이라는 신문물을 장착하였던 나는, 지도를 보는 시간을 줄여 운전을 하며(당시에는 지도를 보며 운전했다)전화로 업무를 미리 처리했던 것이다. 그렇게 하면 만났을 때 일이 훨씬 간단히 끝나기도 하고 두 번 만나야 할 일이 한 번에 끝나기도 했다. 그 먼 곳까지 가는 김에 한 번에 그 일대의 일들을 다하고 싶었다. 이때가 직장 생활을 하며 두 번째 우수사원상을 받은 해이자 동탄 신도시에 아파트 분양을 받아 본격적으로 부동산 투자에 발을 들이던 해이다.

말은 이렇게 멋있게 하지만 나도 외근하며 시간 도둑질을 꽤 했음을 시인한다. 한번은 WBC야구 결승전을 식당에서 보다 분봉(?)팀장에게 걸린 일도 있었으니 말이다. 근무 시간에 경매 물건을 보러 간 일은 숱하게 있으며, 경매 입찰을 위해 있지도 않은 경조사를 핑계로 연차를 쓴 날도 여러 날이었다. 그러기에 내가 이런 말을 할 자격이 있는지 스스로가 회의감이 든다. 농땡이 피웠던 부모가 자식에겐 공부의 중요성을 말하는 심정이다. (그렇다고 그리 농땡이는 아니었음.)

앞서 밝힌 대로 나의 첫 사회생활은 알바로 했던 셔츠 공장이었다. 그곳은 컨베이어 벨트에 끊임없이 일거리가 쏟아져 나오는 곳 아닌가. 그러기에 정해진 쉬는 시간과 점심시간 외에는 쉬는 시간이 일절 허락되지 않는 곳이다. 직장 생활이라는 것이 다 그런 곳이란 인식으로 대학을 나와 직장 생활을 시작했다. 그런데 외근을 나간 선배들이 주로 모이는 당구장이 있는 것을 알고 나는 경악했다. 처음엔 절대로 어울리지 않겠다는 다짐을 했다. 나를 제외한 팀원들이 수시로 당구장에 모여 근무 시간을 허비하고 있다는 것을 알았지만 나는 섞이지 않았다. 왕따인 탓도 있지만 그땐 그것이 도둑질처럼 여겨졌기 때문이다.

그러다 업무에 대한 요령이 생기며, 딴짓을 해도 업무 성과를 그럭저럭 채워 나가자, 나 역시 당구장에 드나드는 횟수가 잦아졌다. 물든 것 아니겠나. 하루는 낮엔 온종일 당구를 치고 퇴근 시간엔 집에 가 부동산 공부를 한 일도 있다. 보람찬 하루를 보냈다는 성취감이 밀려오고 환희가 느껴졌을까? 엄청난 자괴감이 밀려 왔다. 나는 그 길로 근무 시간이건 퇴근 후건, 당구를 거의 끊다시피 했다. 무려 80이라는 구력을 내려놓으면서 말이다. (대학 때는 50이었음.)

뻔한 말이지만 모든 사람에게 공평한 한 가지는, 누구에게든 하루는 24시간만 주어진다는 것이다. 이 24시간을 얼마나 생산적으로 쓰느냐에 따라 10년 후 인생이 갈리는 것이다. 회사 업무라는 것이 잘될 때도 있고 아닐 때도 있다. 어려운 업무를 맡거나 시기가 나쁘거나 상사를 잘못 만나 잘되지 않을 때도 있다. 그러더라도 절대로 회사에서 시간 도둑질을 하지 마시라. 그 시절부터 시간을 주도적으로 관리하고 생산적으로 관리하는 습관을 들이도록 하시라. 그리고 그 시간 관리의 기초는 회사의 시간 도둑질을 하지 않는 것이라는 걸 꼭 기억해 주시길 바란다.

회사의 해결사는 내가 된다

(이 사례는 상대방과 피해 내용에 대해 합의하며 공개적으로 이야기하지 않기로 하였기에 약간의 각색을 함.)

국내 대기업과 그 하청 업체가 실수로 내 건물에 손해를 끼친 일이 있었다. 나는 그 건물을 경매로 낙찰받아, 리모델링을 앞두고 비워 놓았는데 종전 소유자가 그곳에 쓰레기를 적치해도 된다고 허락한 것이다. 나는 당장 CCTV를 돌려보고 인근 대기업 하청 업체의 것이라는 것을 알게 되었다. 처음엔 소유자가 바뀌었으니 치워 달라고만 하였다. 그랬더니 하청 업체나 대기업 담당자나 서로 자기 책임이 아니고 자기도 피해자라고만 주장하였다. 현장 책임자마저 강 건너 불구경하듯 제 3자의 화법으로 말을 했다. 내가 꼰대가 되었는지 모르겠지만 일을 해결하긴커녕 누구의 잘못인지만 캐내려 하고, '우리 부서' 또는 '나의 잘못'은 아니라고만 답을 하며 해결은커녕 회피만 하는 그들을 보고, 일을 참 크게 만든다는 안타까움을 지울 수 없었다. 결국 화가 폭발한 나는…이하 생략.

회사를 다니는 동안 시간을 생산적이고 효율적으로 쓰는 습관을 들이는 것이 좋다고 하였는데, 책임자가 누구든 간에 내게 업무가 오면 가급적 내가 처리를 하는 습관을 들이는 것도 중요하다. 사업이나 장사, 투자를 하다 보면 굉장히 어려운 문제, 특히나 상대방의 동의나 협조를 구해야 할 문제에 직면하게 될 때가 가끔 있다. 이럴 때 회사를 다니며 문제 해결형 인간이 되어 보면 참 좋다. 당장 회사에서는 충신으로 인정을 받게 될 것이며, 내가 사업을 할 때도 마주치는 여러 문제에 대해 자신감을 가지게 할 것이다.

내가 직장을 다닐 때 있었던 일이다. 부실 부동산 관리 및 임대차 재계약 업무를 맡았던 당시 역삼동에 있던 건물주로부터 보증금 1억 2천만 원을 받지 못하는 사태가 발생하였다. 당시 건물주는 국기원으로부터 토지를 임차하여 건물을 지은 후 임대를 한 것인데, 토지 임대차 만기 시 건물주가 사용에 대한 권한이 없어지니 임대차도 자동 종료가 되는 상황이었다. 그런데 문제는 그 건물주가 사업이 어려워져 우리의 임대차 보증금을 돌려 줄 형편이 되지 않는 것이었다. 임대차 계약 담당자의 실수로 전세권도, 근저당도 설정되어 있지 않았던 것이 화근이었는데, 나는 누구의 책임 따위는 묻지 않고 그 건물주를 졸라 보증금을 내놓으라고 윽박질렀던 것이다. 당시 건물주는 경기도 광주시의 고급 전원주택지에 거주하며 재산도 좀 있었는데, 토지 임대차로 인해 한 번에 많은 세입자의 보증금을 돌려주려니 여력이 되지 않는 것이었다. (토지를 빌려 건축을 한 후, 일정기간 동안 그 건물을 이용하고 토지 임대차 만기 시 건물을 토지주에게 반납하는 조건이었기에, 토지 임대차 만기에 세입자의 임대차 계약 만기도 맞춰져 있었음.) 퇴근 후 나는 그의 집으로 찾아가 벨을 눌렀는데 문을 열어주지 않았다. 화가 나 참을 수 없었던 나는, 내 차를 벽에 최대한 가깝게 댄 뒤, 차를 밟고 올라가 담을 뛰어넘어 들어가 현관을 두드렸다. 이후 사모님이 반드시 보증금을 상환할 테니 집으로 찾아오지 말라고 사정하였고, 건물주 놈은 집 안에서 내게 온갖 욕설로 고함을 치고 있었다. 결국 그의 사위와 아들 등이 보증을 하며 보증금을 여러 차례에 나누어 받아 내었다.

이 밖에도 여러 건의 일이 있었다. 해결한 일도 있고 그러지 못한 일도 몇 가지 있다. 그러나 해결하지 못한 일에도 회사로부터 상당한 인정을 받게 되었다. 누가 보더라도 당장 내 실적과는 상관이 없고 그 일을 그르친 것도 내가 아니기 때문이다. 나는 경위에 대한 보고서만 잘 써서 법무팀으로 업무를 이관하면 되는 것들이 대부분이었다. 그러나 나는 그러지 않았다. 이명박 전 대통령은 그의 책《청계천은 미래로 흐른다》에서 회고하길, 태국 고속도로 건설 현장에서 노동자들의 폭동 때 경리 책임자로서 자존심을 걸고 금고를 지켰다고 했다. 나는 이런 일이 닥칠 때마다 그때 책에서 읽었던 감동을 회상했다. (훗날 금고를 혼자 지키며 칼 든 폭도와 대치한 것인지, 여러 명이서 한 것인지는 시비가 엇갈린 것으로 안다.) 비슷한 일을 겪을 때마다 '나는 앞으로 사업을 하고 장사를 할 것인데 그럼 이보다 더 큰 일을 겪을 수도 있지 않겠나. 회사에서 월급 받으며 미래에 일어날 일에 대한 연습을 하자'라고 마음을 먹은 것이다.

회사에서 이런 일을 겪으며 예방 주사를 맞은 덕분일까. 무슨 일이든지 해결할 수 있다는 믿음이 늘 있었다. 정주영 회장님으로 치면 시련은 있어도 실패는 없는 셈이었다. 한번은 입지가 좋은 상가를 낙찰받았는데, 소유자이자 점유자가 ○○시 식구파 서열 몇 위의 건달이었다. 문이 잠겨 있기도 했고 내부를 모두 철거하고 숙박시설로 공사를 하여 용도변경을 하려던 터라 점유자에 대해 탐문은 하지 않았던 것이다. 명도를 하려 했더니, 본인 같은 건달이 점유하여 내가 싸게 낙찰받은 것이니 자기에게 싸게 임대를 달라는 것 아닌가. 나는 그가 신용이 좋지 못하단 이유로 거부하였더니 자신의 와이프 명의로 계약을 하자는 것이었다. 이후 그의 와이프와 계약을 체결하였으나 잔금을 치르지 못하였다. 나는 바로 그의 와이프의 집에 가압류를 걸고 명도를 진행하였다. 결과는 가압류를 푸는 조건으로 그가 명도도 해주고, 내부 집기에 대한 모든 권리는 포기하는 것으로 일단락되었다. 직장생활을 할 때 법무팀으로 넘기고 경위서만 잘 작성하여 보고하면 될 것도 '내가 나서보겠다'며 자처한 것들이 문신가득한 ○○시 식구파 앞에서도 주눅 들지 않게끔 해주는 원동력이 된 것이다.

강의를 하는 동안은 표절 시비가 상당히 많았다. (내 강의가 그만큼 독보적이라는 뜻이다. 이 책에서 가장 중요한 대목임.) 나는 이런 시비가 붙을 때마다 손에 똥을 묻히는 자세로 임했다. 상대방 얼굴에 똥을 묻히려면 가장 먼저 해야 할 것은 내 손에 똥을 묻히는 일이기 때문이다. 블로그와 유튜브 등에 비교표를 만들어 게시했다. 사람들에게 나의 강의나 책 내용과 상대방의 것을 비교할 수 있도록 한 것이다. 표절 관련 소송은 소송대로 진행하지만, 시간이 오래 걸려 대중들은 금방 잊게 될 것이라, 원색적인 표현도 서슴지 않고 똥칠을 해 준 것이다.

내 학원의 강사를 스카우트하려 한 타 학원의 원장도 있었다. 워낙 제안 내용이 좋았기에 그 강사가 경쟁 학원으로 이직을 할 것으로 예상하였다. 그래서 이 두 년놈(강사와 경쟁 학원장)을 어떻게 망쳐 놓을까를 심각하게 고민한 적이 있다. 법에 걸리지 않는 선에서 두 사람 모두에게 상당한 윤리적 데미지를 주려 한 것이었다. 그런데 내 강사님이 의리를 지키며 스카웃 제의를 거절하였다. 나는 그녀를 군대 동기라 부르고 있다.

내가 왜 이렇게까지 했을까? 리더로서 가장 추한 모습은 근엄

함 따위를 잃는 것이 아니라 싸움에서 지는 것이다. 전쟁에서 지는 리더는 자신과 부하의 목숨을 모두 잃게 하는 것이고, 사업에서 지는 것은 직원과 나의 일자리를 잃게 하는 것이고 가족은 경제적 어려움에 빠트리는 것이다. 그리고 내가 야생에서 이렇게 할 수 있는 원동력은, 모두 직장 생활을 하는 동안 빌드업이 된 것이다.

이런 일을 도맡아서 하면 단기적으로는 회사에서 충성하고 유능한 직원으로 인정받는다. 그리고 장기적으로는 해결사로서의 내공이 상당히 길러진다.

4장

돈 찌는 체질 4단계

자신만의 가치관을 갖고 인생을 살아라

유튜브에서 어느 젊은 여성이 연예인 노홍철에게 질문을 하고 답을 받는 프로그램을 봤다. 그 여성의 질문은 '돈이 되지만 내가 싫어하는 일과 돈은 안 되지만 내가 좋아하는 일' 중 어떤 일을 해야 하냐는 것이었다. 이에 대한 노홍철의 대답이 상당히 깊이 있었다. 자신이 여행을 하며 돈을 버는 것을 좋아해서, 여행사 사장을 찾아가 자신이 제안한 여행 상품을 만들었고, 그걸로 올린 수입이 당시 삼성전자 부장이었던 자신의 아버지보다 많았다고 했다. 좋아하는 일로 돈 되는 사업을 만들어 낸 아주 좋은 사례였다.

　그러나 그다음은 생각해 볼 점이 있었다. 이어진 답변이 '그 여행업을 재밌게 하던 중에 방송국에서 VJ로 연락이 왔고 일당이 겨우 5만 원이었지만 방송일을 택했다'였다. 주변 사람이 보기에도 그는 방송일에 미쳐 보였기에 미련 없이 여행업을 포기했다는 듯 말을 했으며 과연 그 일을 얼마나 좋아하느냐에 달려 있다는 말로 답을 맺었다.

　내 생각은 이와 조금 다르다. 과연 노홍철이, 당장은 급여가 얼마 되지 않지만 처음 했던 VJ로 이름이 알려지고 유명세를 얻으면 출연료가 천정부지로 치솟을 것을 생각하지 않았을까? 〈무한도전〉에 유재석과 함께 출연하며 여러 CF도 찍었을 것인데, 유명세를 탄 뒤 소득도 여전히 초기 VJ를 하며 얻는 수익과 같다면 그래도 10년 이상을 재밌게 할 수 있었을까? (그럼에도 나는 연예인치고 노홍철이 굉장히 깊이 있는 답변을 했다고 생각한다. 그를 비난할 마음은 전혀 없다.)

　돈을 번다는 것은, 남이 하기 싫은 것을 해내거나, 또는 자격증이 없어 할 수 없는 것을 해내거나, 또는 노하우가 없어 잘하지 못하는 것을 어떻게든 해내는 것이다. 그 어떤 일도 재미가 담보되는 일은 없다. '돈을 버는 재미'라는 것은 남이 하기 싫은 것을 억지로 하여 얼마의 성취를 득했을 때 보람과 함께 찾아오는 것이다. 그 전까지는 진짜 지독하게 하기 싫은 것이다. 사회생활을 좀 해본 사람이면 '아버지 어머니도 이렇게 숨 막히는 곳에서 버티며 나를 키웠구나'라며 그제야 감사한 마음을 가진다. 그런데 막상 그런 일을 오래 한 부모님 세대가 정년퇴직을 할 즈음에 보면 그 일을 지긋지긋하게 여기던가, 정년퇴직을 아쉬워하던가. 이미 손에 익고 재미가 붙을 대로 붙어서 거의 대부분은 회사를 떠나는 것을 꺼려하지 않나.

지금은 연락을 하지 않는 고향 친구 A가 있다. 그의 모친은 해녀로 자신의 집 앞 바닷속을 헤엄쳐(이를 물질이라 한다.) 성게와 같은 해산물을 건져 올려 팔아다 그를 키웠다. 해녀들이 물질을 하다 물에 떠오르지 못하고 생을 마감하는 사례도 흔하다. 그런 험한 일을 하며 자신을 키웠건만 이 A라는 친구는 '자신은 하고 싶은 일을 하며 자유롭게 사는 것이 좋다'라는 말을 즐겨 하며 4년제 대학, 영문과를 졸업하고도 토익 시험 한번 치르지 않고, 무명 학원에서 완전 무명 강사 일을 메뚜기처럼 잠시 일하다 쉬고, 다시 일하길 반복하고 있었다. 그렇게 젊은 시절을 보내고 뒤늦게 정신을 차려 공무원 시험에 합격하여 당당히 서울시 ○○구 9급 공무원이 되었지만 50이라는 나이에 부인도 마누라도 와이프도 집사람도 없이 혼자 반지하 살이를 하며, 여전히 반 자본주의적인 의식을 갖추고 살고 있다. 내가 그에게 '공무원 합격 축하주'를 한잔 사준 것이 마지막이었는데 이미 그때 나는 연 소득이 10억 원을 몇 년째 넘기고 있을 때였고 좋아하던 일만 좇던 그는 '더이상 집 마당에서 성게를 까며 엄마 일손을 돕는 사람이 아닌 9급 공무원' 정도가 되어 있었다. (9급 공무원이 나쁘다는 것이 아니라 50세가 되도록 좋아하는 일만 좇다 제대로 된 경력도 쌓지 못했고 그로 인해 인생을 통틀어 나이에 맞는 일자리를 얻을 기회를 얻지 못한 것을 지적한 것이다.)

　좋아하는 일? 웃기지 마라. 당신이 대단한 자격증이나 노하우가 없고 노홍철 같이 방송 일에 대단한 재능이 없다면, 좋아하는 일을 하며 돈을 벌기란 불가능하다. 그런 인생관으로 살았다간 50살에 ○○과 ○○이 없고 돈 많은 사람에 대한 적대감과, 성공한 친구에 대한 시기 질투만 한 사발 가득일 것이다. 그 시간에 돈이 될 만한 일을 꾸준히, 진득하게 해봐라. 그 일에서 주어지는 보상으로 상당히 일이 재밌어질 것이다. 앞서도 말했지

만 모든 일은 손에 익으면 그때부터 재밌어진다. 돈도 그때부터
더 잘 벌리게 되어 있다.

나는 10년이 넘게 강사 일을 하고 있다. 처음엔 한 번 강의를
하면 30만 원 정도를 받았다. 한번은 대구에서 30만 원에 강의
요청이 있었는데 제주도가 아닌 게 어디냐며 흔쾌히 강의를 했
다. 교통비를 빼고 나면 수익이 10만 원이 조금 넘는 금액이었
을 것인데, 일에 대한 재미를 붙인다는 생각으로 한 것이다. 또
강사료가 적으니 강의를 매끄럽게 잘하지 못해도 좀 봐주지 않
겠냐는 안일한 기대도 조금 있었다. 그럼에도 나는 실수를 하지
않기 위해 많은 연습과 준비, 개그 프로그램을 보며 애드립까지
연습을 한 후 강단에 올랐다. 강사료는 적지만 선배 강사들보다
훨씬 강의가 좋다는 말이 듣고 싶었기 때문이다.

지금은 하루 강의를 하면 대략 300만 원 전후의 수입이 생긴
다. 강의를 매주 5~6회 정도 하는데, 강의 준비는 거의 당일이
나 전날 밤에 한다. 일절 미리 하지 않는다. 어떤 강의는 저녁 6
시 강의인데 3시부터 준비하여 5시 30분부터 교재를 출력해서
강의를 하기도 한다. 이제 이 일이 완전히 손에 익었기 때문에

준비할 시간이 그리 많이 필요하지 않다. 머릿속에 다 있다고 하면 자만이지만, 점심을 먹으며 '오늘 저녁에 무슨 주제로 강의할까?'라고 생각한 뒤 자료를 찾으면 금세 다 찾아내는 것은 사실이다. 처음엔 강사로 남들 앞에 서는 것이 힘들고, 목소리도 쪼그라들어 힘들었지만 지금은 엄청 편하다. 무슨 말로 첫 운을 뗄지 생각도 없이 오르지만 마이크만 잡으면 말이 술술 나온다. 강사 체질이 아니라 체질이 되도록 강의를 많이 한 것이라는 것을 꼭 알려주고 싶다.

일을 통해 돈을 버는 것은 다 이와 같은 원리가 있는 것이다. 과거 세이노 선생님께서는 정주영 회장님께서 쌀가게에서 일한 일화를 두고선, 쌀가게 배달일이 적성에 맞아서 한 것이겠냐는 말씀도 하셨다. 정말 가슴에 새길 가르침이다. 그냥 기회만 된다면 돈 되는 일을 부여잡고 그 일이 익숙해질 때까지 놓지 않고 있다 보면 익숙함도, 재미도 돈도 함께 따라온다는 것을 기억해야 한다. 우리 같은 평균적인 사람은 대단한 자격증도 노하우도 없기 때문에, 사회에서 주어지는 일은 반드시 남이 버린 일, 남들이 재미 없어하는 일이라는 것을 알아야 한다. 나도 유통회사에서 가장 꺼리는 점포 개발이라는 업무를 했다. 그 회사에 빽

이 좀 있는 사람들은 상품본부로 발령이 나거나 직영점 관리 업무를 맡았지만 나 같은 어둠의 자식은 점포 개발이었다. 그리고 그 일을 'ㅅ발 시ㅂ'거리면서도 손을 놓지 않고 꾸준히 하여 지금의 김종율이 된 것이다.

일이 손에 익으면 얻을 수 있는 또 다른 재미

나는 김종율아카데미라는 부동산 투자 학원을 운영하며 투자도 함께 하고 있다. 그런데 매주 금요일이면 세차장 업체인 '오토스테이'의 점포 개발 본부장으로 출근하고 있다. SK에너지에 점포 개발 본부 직원들을 대상으로 입지 분석 강의를 한 적이 있었는데 그때 강의평이 꽤 좋았다.

이 SK에너지사에서 오토스테이에 출자를 하여 상당한 지분을 갖고 있었는데 나에게 자문을 구하다 아예 책상 한자리 차지하고 출근을 하게 된 것이다. 그리고 근무한 지 1년도 채 되지 않아 성급한 평가지만 2025년 상반기 실적이 2024년 상반기와 대비하여 정확히 5배의 성과를 냈다. 그리고 함께 일하는 직원들에게 잔소리도 거의 하지 않는 편이다. 점포 개발을 하나씩 알려주고 내가 담당자처럼 현장을 뛰며 올린 성과다. 게다가 근무하는 직원은 한 명이 줄었는데도 말이다. 그리고 나는 이 일이 정말 정말 재미있다. 일이 손에 익으면 회사 놀이만큼 재밌는 게 없다. 노홍철의 연예인 생활만큼.

자수성가한 사람들은 체력이 좋다는 공통점이 있다. 정주영 회장님이 밤에 잠을 잘 때 다음날 일하러 나갈 생각에 들떠서 잠들었다고 하는데 만약 몸이 골골대셨다면 그럴 수 있었을까? 남들보다 일을 많이 하다 보니, 일을 잘하게 되어 부자가 된 사람이 많다. 그리고 많이 하려는 그 원동력은 정신력과 함께 체력이 뒷받침되어 있다. 체력이 좋기 위해선 좋은 영양제는 당연히 입에 달고 살아야 하는데, 그러기 위해선 반드시 소변이 노랗게 나와야 한다. 소변이 노래야 한다는 말은 체력이 좋아야 한단 말을 좀 재밌게 바꾼 표현이지만 내가 스스로에게 했던 다짐이기도 하다.

내가 직장 생활을 하며 새벽까지 대리운전도 하고 과외도 하고 또 술도 자주 마시면서도 회사 생활을 하는 동안 그렇게 우수사원상을 자주 받을 수 있었던 것은 종합비타민 덕분이다. 특히 종합비타민과 함께 비타민B군이나 실리마린이 든 간장약을 함께 먹었는데 이렇게 하면 간 때문에 오는 피로도 줄고 혈행도 좋아지고 피부도 굉장히 좋아진다. 일을 할 때 확실히 지치지 않고, 긍정적인 기운도 많이 뻗어 나온다.

뒷장에서 자세히 언급하겠지만 나는 12억 원의 사기를 당한 적이 있다. 그러고선 만회를 위해 하루 16시간씩 일하곤 했다. 하루는 부산에서 오전 10시부터 7시간 강의를 하고 2시간 뒤 대구에서 저녁 7시부터 4시간가량 강의를 한 적이 있다. 오후 5시에 부산 강의를 마치고 나와 대구까지 운전해 가면서 편의점에서 산 도시락으로 식사까지 해치우며 달린 것이다. 그리고 여유 있게 양치 후 옷을 가다듬고 대구에서 신나게 강의를 한 뒤, 마치고 뒤풀이까지 했던 것으로 기억한다. 그게 나이 마흔인 2016년, 2017년의 일상이었다.

많은 사람들이 무리를 하다 건강을 잃으면 어떡하냐고 그러는데 그렇게 무리하며 술까지 마셔대는 대도 멀쩡히 살아 있다. 종합비타민과 생활 습관에 맞는 영양제만 꾸준히 먹어주면서 항상 소변이 노랗기만 하면 웬만한 무리한 걸로 죽지 않는다. 특히 마흔 살 전에 죽을 일은 가난으로 인한 극단적 선택이 압도적으로 많지, 무리하게 일을 해서 사망하는 경우는 극히 드물다. 오히려 많이 먹고 운동을 안 해 심혈관 질환이라면 모를까. 10년 뒤에도 당신이 멀쩡히 살아 있을 확률이 압도적으로 높으니 건강 핑계 대지 말고 열심히 일하고, 종합비타민과 비타민B군을 챙겨 먹길 권한다.

사실 내가 종합비타민 애호가가 된 것은 우연한 사건 때문이다. 내가 운전 실수로 교통사고를 낸 일이 있었다. 당시 교통사고라는 것을 처음 내 본 나는 가해자라는 죄책감으로 약사의 도움을 받아 몇 가지 약을 추천받아 구입했다. 어혈을 풀어주는 약이 좋겠다고 하여 종합비타민과 서양산사자 추출물로 만든 약 등 3가지를 권하기에 추천하여 피해자에게 전하려 하였다. 그런데 피해자 여사님은 보험처리가 되는데 왜 그런 걸 주나며 한사코 거절을 해서 내가 먹게 되었는데, 아무리 20대 후반이라

하지만 피부가 말도 안 되게 좋아지고 아침에 일어날 때도 몸이 확실히 가벼웠다. 그 효능을 본 후 간 약(비타민 B군과 실리마린 성분이 많음)을 추가하여 여동생(술쟁이)과 아버지(알코올 의존증이 심함. 훗날 간암 환자가 되심)에게 권하여 봤는데 두 사람 모두 아침에 눈이 번쩍 떠진다며 약의 효능에 감탄하였다. 나는 이때부터 종합비타민을 포함한 각종 약을 복용 중인데 지금은 탈모약까지 포함하여 총 10종이 넘는 온갖 영양제를 먹고 있다.

또 체력을 올리기 위해 운동을 반드시 병행하여야 한다. 일할 시간도 부족한데 뭔 운동이냐고 하겠지만 운동으로 체력을 잡아줘야 긴 시간 더 많은 일을 해낼 수가 있다. 나는 복싱이나 유도를 즐겨 했고 헬스도 가끔 했다. 그리고 유튜브에서 보시면 알겠지만 과체중을 넘어 확실한 비만이다. 열심히 안했다는 말이다. 그래도 복싱이든 헬스든 뭔가 힘든 운동을 하면 체력이 확실히 올라가고 몸에 긍정적인 기운이 휘감기는 것이 느껴졌다. 과학적으로도 증명이 된 것인데, 무거운 것을 들거나 심장이 극한으로 뛸 때 상당한 엔도르핀과 세로토닌 호르몬 분비가 촉진되어 기분을 좋게 하고 코르티솔 같은 스트레스 호르몬을 줄여준다. 구글에서 검색한 것이니 확실할 것이다. 그렇다고 운동선수를 할 건 아니니, 목숨 걸고 하거나 남보다 못한다고 자책하며 할 것까진 없다.

먹는 것도 슬기롭게 먹어야 한다. 일단 아침 공복에 탄수화물은 배제하고 삶은 달걀 2개 정도와 토마토, 올리브 오일 정도만 먹고, 매끼 단백질이 포함된 식사를 하는 게 중요하다. 탄수화물을 한 바가지 먹고 나면 쉽게 졸음이 쏟아지고, 당도 많이 체력을 기르는 데 좋지 않다. 식사 후 가급적 20~30분이라도 계단 오르기나 스쿼트, 그것도 아니라면 산책이라도 가볍게 뛰듯 하면 좋다. 나는 오전에 걸려 오는 전화 중 급하지 않은 것은 미뤄놨다가 점심 식사 후 계단 오르기 20층을 하고 난 뒤 산책하며 전화를 건다. 한동안은 점심, 저녁, 그리고 술자리에서 어떤 식사를 하든 무조건 30분씩 빠른 걸음으로 걸었는데 이때가 내 인생에서 비만에서 내려와 과체중을 유지하였던 기간이며, 업무를 보는데 활기가 굉장히 넘쳐났던 시기다. 2018년 전후 당시에는 흔하지 않았던 패션인데 수트에도 워킹화를 신고 다녔다. 체력이 가장 좋았던 때로 기억한다. 그리고 굉장히 빠른 속도로 자산이 불어가던 시기이기도 하다.

　과거 직장 생활을 하며 선배에게 들었던 말이다.

"나는 가난한 집안 출신으로 임원까지 승진한 사람을 좋아하지 않아. 그들은 남들을 밟고 올라서려는 특성이 있어서 배려가 없어. 처음부터 부잣집 출신으로 직장에 들어온 사람이 좋아. 그들은 늘 남을 배려하는 환경에서 부족함 없이 자라, 직장 생활을 하는 동안에도 남을 잘 배려하는 법을 알기 때문이야."

　자수성가한 사람들은 대개 승부욕이 강하다. 그러다 보니 회사에서도 남들보다 일을 잘하려는 투지(?)가 강했을 것이고, 그런 것이 밟고 올라서려는 특성으로 보였을 수도 있다. 그리고 그 선배가 이렇게 말한 배경에는 또 하나가 있다. 대개 자수성가한 사람은 '복수'를 한다는 것이다. 우리가 흔히들 가장 큰 복수는 성공이라고 하는데, 어쩌면 순서가 바뀐 것일 수도 있다. 복수를 하는 성격이니, 성공을 할 수 있었을 것이라는 것이다. 그게 직장이면 임원 승진이 될 수도 있고 자본주의 사회면 자수성가 아니겠나.

내가 대형마트나 편의점 점포 개발을 할 때였다. 2002년부터 2011년까지 업무를 맡았었는데 당시는 이 업계가 출점 경쟁이 굉장히 심하던 때였다. A회사는 직장 내 상사의 갈굼은 굉장히 심한 반면, 경쟁사에 대한 복수심 따위가 전혀 없었다. 내가 재직했던 회사 중 근무 환경이 가장 좋지 않은 곳이었는데 고생하는 것에 비해 경쟁사에는 실크 같은 부드러운 마음씨를 가진 기업문화였다. 자기 회사의 가맹점이 경쟁사로 넘어가도 어떻게 그리 평온한지 납득이 되지 않을 지경이었다. 반면 H 브랜드 개발을 할 때는 회장님께서 이런 말을 하곤 하였다. '우리 홈플러스 인근에 경쟁점을 냈다간 바로 망한다는 사실이, 슈퍼 업자들 입에서 회자가 되도록 해야 한다.' 당시 회장님이 언론에 보여지는 모습이나, 직원을 대하는 모습과 정반대라 크게 놀랐다.

나는 초등학교 2학년 때부터 전교에서 키가 제일 작았다. 거기다 까불기도 전교 1등이니 까불다 얻어터지는 일이 다반사였다. 고등학교 때였는데 정말 불쾌하게 한 대 맞은 일이 있었다. 그 일로 복수심에 불탔던 나는 그 친구의 집에 불을 지를 생각을 했다. 화염병을 만들어 단독주택에 슬래브 지붕인 그의 집 마당에 불을 붙여 버릴 꽤 구체적인 계획을 세웠다. 당시는 CCTV 같은 것이 없었기 때문에 방범 순찰만 피하면 그 정도 일은 손쉬워 보였다. 나는 계획을 세우며 친한 친구에게 그에게 맞아 억울한 심정을 토로했다. 내가 억울하며 폭력을 당했다는 사실에 대한 증인을 남겨놓은 것이었다. 물론 내가 그걸 실행하지는 못했다.

그런데 기적은 그 다음에 일어났다. 나를 괴롭혔던 친구에게 기로 밀리지 않게 되었으며 '나를 한 번만 더 건들면 네 낯짝엔 칼자국이 날 것이다'와 같은 말을 속으로 되뇌게 되었다. 지금도 그때를 생각하면 주먹이 불끈 쥐어지고 눈에 힘이 들어가니 그때는 얼마나 심했겠나? 복수를 하겠다는 구체적인 실행계획만으로도 내가 승자가 된 것 같고 우울감으로부터 해방이 되었다. 한번 더 말하지만 그때부터 그 색히에게 기로 밀리는 일도 생기지 않았다. 그리고 그의 집에 불을 내거나 그의 낯짝에 커터칼을 날리는 상상을 거의 매일 했다. 못생긴 얼굴에 평생 칼자국을 달고 살 걸 생각하니 희열도 있었다. 나는 정학 처분 정도 받겠지만 그 색히는 평생 그딴 얼굴로 살 걸 생각하니 제발 한 번만 더 건드려 달라하고 싶을 정도였다.

10년쯤 전엔 이런 일도 있었다. 경기도 모처에 있는 경매학원이 있는데, 그 학원에서 내가 수강생으로부터 투자금을 유치하여 아파트 건축비로 쓰고 있다는 헛소문이 돌았다. 추정하기로 내가 그 학원에 강의를 잘 가지 않다 보니 심사가 뒤틀려 그런 소문을 내고 있는 것 같았는데, 그 소문을 확산시키는 데는 경쟁 강사도 끼어 있었다. 나는 블로그에 내게 그런 투자금을 지급한 사람이 있다면 100배로 상환하겠으며 정확히 제보하는 이가 있다면 1억 원을 지급하겠노라고 글을 게시했다. 이후 그 학원만 쏙 빼놓고 정말 많은 곳을 다니며 강의를 했고 강의 실력은 물론 투자 실력까지 키워 나갔다.

나는 어떻게 했을까? 내 학원이 잘되게 하려 한 것이 아니라 어떻게 하면 그 학원을 망하게 할 수 있을까라는 생각으로 강의를 만들었다. 그 학원보다 훨씬 더 좋은 강의를 제공하는 것은 물론, 훨씬 더 저렴하게 강의를 제공했다. 그 학원의 1년 멤버십 중 120만 원가량의 비용을 받으며 월 1회의 특강만 제공하는 것이 있었는데 그 연회원이 100여 명으로 학원 운영에 꽤 도움이 된다는 것을 알고 있었다. 나는 당장 2016년 가을, 6개월에 30만 원대의 멤버십 강의를 만들고 매월 2회씩 특강을 제공하는 강의를 만들어 버렸다. 그 결과 나의 멤버십 회원은 매회 7~800명 정도의 회원이 등록했고 연 매출이 최고 25억 원을 찍기도 했다. 반면 지금 그 학원은 무척 운영이 어렵다는 말을 들었다. 이 복수로 4권의 책을 내고 10만 권이 훌쩍 넘는 판매고를 올린 베스트셀러 저자라는 타이틀도 보너스로 얻었다.

나의 경우는 복수를 하려다 보니 성공이 돼 버린 경우다. 그래서 최고의 복수가 성공이라는 말이 순서가 뒤바뀐 것일 수도 있단 말을 한 것이다. 내게 만약 복수심이 없었다면 어땠을까? 그저 부모님이 키우기 쉬운 아이였다면? 아마 지금처럼 성공하진 못했을 것이다. 복수를 하겠다는 다짐은 우선 당했다는 우울감으로부터 나를 구해주며 어떤 일이든, 어떻게 하면 헤쳐 나갈 수 있을지 궁리를 하게 한다.

학교에서건 군대에서건 직장에서건 나를 괴롭히는 상대가 있다면 반드시 복수를 해줘야 한다. 계획만 철저히 짜서 내가 피해자인 것에 대한 증거를 착실히 남겨야 한다. 카카오톡 내게 보내는 메시지로, 당한 그날의 구체적인 상황을 기술하며 울분을 과장되게 남기면 더더욱 좋다. 카카오톡은 공책에 쓴 일기처럼 몰아 쓸 수가 없으니, 증거로 더 좋을 것이다. 그러면서 내 인생을 3년쯤 날리고 너의 남은 인생은 모조리 없애버린다는 마인드를 키우면 된다. 회사 신입사원 때는 내게 함부로 대했던 상사에게, 여러 사람들 앞에서 면상에 침을 뱉어버리곤 계속 고개 빳빳이 들고 회사 다니면 누가 더 쪽팔릴까라는 상상을 하곤 했다. 그랬더니 은근 통쾌했다. 대개 상상으로 그치겠지만 이런 상상만으로 상당히 마인드가 단단해지고 스트레스를 이겨낼 수 있다. 내가 그 색히 집에 불 지르지 않은 것처럼 말이다.

가끔 이런 생각을 한다. '내가 만약 갑자기 건강이 악화되거나 학원이나 투자가 망하면 나와 원수 진 인간들이 얼마나 통쾌해할 것인가'. 일주일에 4회 정도는 술을 마시면서도 이런 생각을 자주 하니 1년에 검진을 2번씩 하게 된다. (일반적인 검진 1회와 정밀 초음파, 뇌와 심장 혈관 정밀 검진을 번갈아 가며 한다.) 공복 혈당이 107을 기록하자 신사역에 있는 전문 병원에서 의사의 원격 조언을 받아 가며 몇 달간 혈당 관리까지 받아, 혈압과 당뇨 모두 건강수치로 되돌려 놓았다. 그 덕에 피부과도 가지 않고 화장품이라곤 다이소에서 5천 원짜리를 사 바르는데도 피부가 매끈하고 잡티 하나 없다. 복수가 피부에 좋다면 웃기겠지만 그렇게 됐다.

그렇다고 아무 데나 복수를 하려 하진 마라. 왕따 된다.

한줄요약

김종율에게 원수지지 말자. (책에 쓴 게 다일까?)

친구 이야기다. (제발 그가 이 책을 읽지 않기를 기도하며 쓴다) 모친이 시장에서 장사하셨던 친구였는데 친구들 사이에선 돈이 좀 있는 집이었다. 옷도 핀토스, 피티코시, 제누디세 같은 고급 브랜드를 즐겨 입었고 LA Gear 농구화를 중학교 때도 신고 다녔던 친구였다. 심지어 고등학생인데 집에 세진컴퓨터랜드에서 장만한 컴퓨터가 있어서 '페르시아의 왕자'라는 게임을 그 친구 집에서 했던 기억도 있다. 대학이 서로 다르고 거리가 있어 소원하였다가 내 결혼 소식을 어떻게 알고 찾아왔었는데 축의금을 무려 5만 원씩이나 하고도 뷔페도 안 먹고 간 일화도 있다. 2008년 당시는 식사를 하지 않으면 3만 원 부조금이 국룰이었는데, 대체 얼마나 돈이 많으면 그럴 수 있단 말인가.

당시 이런 저런 사업을 하고 있다 하였는데 유통회사를 다니던 나와는 상당히 거리가 있었다. 돈에 대해 이야기할 때 나는 유통회사 출신답게 하나하나 쌓아 올라가는 이야기를 하였다면 그는 인터넷 광고를 통해 뭔가 크게 한번 도약하는 것을 노리는 것 같았다. 차도 그랜저TG를 탔었는데 미래를 위해 번 돈을 아낀다는 느낌은 거의 받지 않았고 돈을 더 잘 벌면 된다는 식의 이야기가 많았던 기억이 있다.

그런 그가 결혼 후 몇 년이 지나 내게 돈을 좀 빌려달라는 연락이 왔다. 돈이 얼마나 급했으면 나를 만나러 당시 내가 거주하던 수원으로 오겠다고 하였다. 안쓰럽고 반가운 마음에 그를 만나긴 하였지만 돈을 빌려주면 도저히 돌려 받을 수 있을 거 같지가 않았다. 하던 사업이 어려워졌는데, 어떻게 변제하겠다는 구체적인 내용은 없었다. 무엇보다 돈에 대해 전혀 헝그리 정신이 보이지 않았으며 뭔가 한방을 갈구하는 듯 보였다. '차곡차곡'과는 거리가 멀어도 한참 먼 태도를 보였다.

그 후 그 친구는 큰 방황을 하다 이혼을 하고 자취를 감췄다. 핸드폰 번호도 바꿔서 연락이 닿지 않는다. 나는 그가 사업이 기울어 힘들어졌을 때 폼 잡기를 그만하고 바닥으로 내려가 일을 배워갔더라면 어땠을까라는 아쉬움이 있다. 마트나 도매시장 같은 곳에서 일을 하고, 그 곳의 장사를 배워나가며 신용을 쌓은 뒤 그 경험을 바탕으로 사업을 해보면 어떻겠냐는 제안을 했는데 친구는 받아들이지 못했다. 구구절절한 사정이 있었지만 요약하자면 사업하던 사람이 어떻게 그런 일을 할 수 있냐는 게 당시 그의 답변이었다. 이자가 산더미처럼 나가는 집을 줄이지 못하는 이유, 애들 학원비 줄이는 것을 와이프가 반대하는 이유, 밥값 담뱃값 등 잡비 지출을 줄이지 못하는 이유 등 집구석을 마이너스로부터 탈출시킬 많은 시도가 번번이 체면에서 비롯된 변명에 가로막혔다. 결국 그는 완전히 무너졌다.

책에 밝히기 불편하지만 내가 사기당했던 일화와 내가 대처했던 방법까지 소개하고자 한다. 나는 부동산 투자 강사, 그중에서도 상가와 토지 투사를 강의하는 사람인데, 이런 강사가 된 배경에는 다름 아닌 '사기'가 있었다. 이 사기를 당하지 않았더라면 나는 투자만 해서 먹고 살았지, 강의를 이렇게나 많이 하는 사람이 되지 않았을 것이다. 어쩌면 이 빌어먹을 사기 때문에 내가 강사 생활에 이를 악물게 된 것인지도 모르겠다.

2013년 무렵 강원도 모처에, 아파트 건축을 하던 은행에 근무하는 지인의 소개로 PM Project Manager사를 소개받게 되었다. 이 사람이 내 사업을 인수하여 분양 후 수익을 나눠 갖는 것이었는데, 당장 돈을 받는 것이 아니었으므로 나는 신탁과 몇 가지 안전장치를 해 두었다. 이후 아파트 분양이 쉽지 않을 것 같다고 2개 층을 줄이는 설계변경을 계획하고 있다며 일시적인 신탁 해지(신탁사로 되어 있으면 설계변경이 불가함)를 요청하였다. 그때 그는 도저히 10층 아파트 모두 분양할 자신이 없으니 내가 안전장치로 해달라는 모든 서류를 해 줄테니 잠시만 신탁해지를 하자고 나를 졸랐다. 그래서 그가 약속을 지키지 않으면 형사 처벌을 받도록 합의서를 작성하고 신탁해지를 해 주었는데 그 길로 그는 잠수를 타버렸고 이 일로 내가 형사고소를 하여 징역 3년을 살게 되었다. 나는 보기 좋게 그간에 투입되었던 돈과 그가 변제하지 않은 공사비 등 10억 원가량의 손해를 입게 되었다.

나는 이 무렵 집을 팔고 보증금 3천만 원에 월세 90만 원짜리 집으로 이사를 했다. 둘째 딸이 태어난 곳, 공원 산책로와 넓은 거실에서 아들과 뛰어놀던 곳, 아파트 발코니 너머로 골프장 뷰가 보이던 곳, 집사람이 내가 고른 벽지를 두고 할아버지 감성이라고 놀리던 곳, 그 모든 추억을 내려놓아야 하는 순간이 된 것이다. 하지만 결단을 해야 했다. 강사로 벌이가 좋지 못할 때인데다, 공사비 채무가 내게 청구되는 것이 좀 있었기 때문이다. 어떻게든 빚과 이자와 같은 고정비 지출을 최대한 줄여야겠단 마음을 먹은 나는, 보금자리를 타인에게 넘겨야 했다. 다시 지하방과 옥탑방 살이를 할 때의 마음가짐을 한 것이다.

이때 이삿날 와이프가 울고, 엄마가 우니 애들도 침통해 있었다. 나는 와이프에게 말을 건넸다.

"여보 10억 원쯤 들여서 가게 하나 차린 셈 치자. 그 정도 가게 차리면 한 달에 3천만 원쯤 번다던데 내가 매일 강의를 해서 그만큼 벌어올게. 그러니 궁상 떤다고 돈을 아끼려 하지도 말고 월 3천만 원씩 버는 집답게 사고 싶은 거 사고, 먹고 싶은 거 먹고 여행하고 싶은 거 가면서 살아."

물론 속으론 이렇게 말을 했지만…

'ㅅ발 울 거면 혼자 울지. 난 샤워하며 울고 왔구만…'

이때 변변한 학원이나 사무실을 차릴 형편이 아니었던 나는, 소호사무실을 하나 얻어 업무를 보며 거의 전국에 여러 학원을 전전하며 최대한 많이 강의를 하려 했다. 당시 책을 내기 전이라 할 수 있는 것이라곤 좋은 강의를 만들어서 최대한 많은 사람들이 듣게 하고, 이들이 좋은 후기를 남겨주는 것뿐이었다. 급하게 강사로 자리 매김하려니 할 게 많았다. 틈이 날 때마다 부동산 카페에 투자와 관련된 글을 남겨야 했고, 강의를 위한 답사도 다녀야 했다. 그리고 빌어먹을… 틈틈이 내게 사기 친 놈을 감옥에 보내기 위해 형사 재판에도 출석해야 했다.

그랬더니 정말 한 달에 25회 전후의 강의 스케줄이 잡혀 나갔다. 전국을 대상으로 밤낮없이 강의를 하고 뒤풀이를 했다. 보통 강사들이 일주일에 2회 정도 강의를 하는데 나는 하루에 2회 강의하는 날도 심심찮게 잡혔다. 그리고 이삿날 약속했던 월 3천만 원쯤 버는 게 점차 완성되어 갔다. 매회 적으면 수십만 원, 보통 1~2백만 원 정도의 강사료를 받아서 한달 한달을 그렇게 채워 갔다.

결국 내가 그렇게 할 수 있었던 원동력은 바닥까지 내려간 나 자신이었다. 밤늦게 강의를 마쳐도 불 꺼진 공유오피스로 돌아와 일을 이어가며 지냈다. 이런 상황에 건강을 살필 땐가. 무리하는 게 보였는지 주변에서 '그러다 몸 상한다'는 말도 여러 번 들었는데, 종합비타민과 간 약을 챙겨 먹으며 최대한 일에 집중을 했다. 그러다 문득 문득 이렇게까지 최악이 되지 않을 수 있었단 후회, 가족에게 좋은 것 해 줄 돈을 사기꾼 입에 털어 넣었다는 후회 등 도저히 앉아서 일을 할 수 없게 만드는 자책이 밀려오기도 했다. 그럴 땐 기사식당으로 가서 김치찌개와 계란말이를 시켜 놓고 소주를 마시며 속을 달래기도 했다. 요즘 말로 일에 나를 갈아 넣으니 잡념이 사라져 해볼만 했다. 내가 집 사람과 주변 사람의 걱정을 덜게 하기 위해 했던 말인 '10억 원 들여 가게 차리고 매달 3천만 원쯤 번다'라는 말을 나의 귀가 가장 많이 들었던 것이다. 그리고 나의 뇌가 그걸 점점 사실로 믿으며, 나는 그 자책하던 스트레스에서 점점 벗어날 수 있었다.

그리고 2018년 5월, 사건번호 2017고합 291 특정경제범죄가중처벌등에 관한 법률 위반(사기 등)의 선고가 있었다. 사기꾼 이 씨는 3년 선고를 받아 법정 구속이 되었다. 나는 본격 강사생활을 하며 2년만에 그 전에 살던 아파트와 같은 평형에 반전세로 옮겼는데 몇 년이 지난 후의 선고였다. 그리고 선고보다 한 달 앞서 강남역 1번 출구 1분 거리에 김종율아카데미를 오픈했다. 그리고 그 기세를 몰아 지금은 더 큰 곳으로 이전을 하였고 출판 법인도 설립하였다. 이제 이 2개 회사의 매출이 20억~25억 원을 오가고 있다. 지금도, 그때의 내가 바닥으로 냉큼 내려가지 않았더라면 현재와 같은 영광과 번영은 없었을 것이라 확신한다.

혹시 지금도 바닥이지만, 바닥으로 내려갈 용기가 없는 분들에게 드리는 조언.

"군대 다녀왔습니까? 가 봐서 알겠지만 금방 지나갑니다. 안 가봤으면 이번 기회에 한번 갔다 온다 생각하십시오. 군대 한번 갔다 올 정도의 시간 동안 군인 정신으로 몰아붙이면 뭐든 다 해결할 수 있습니다."

– 해군 399기 김종율 드림

고객을 만족시켜라, 빅픽처는 그다음이다

철강왕 앤드류 카네기의 일화 중 유명한 토끼 이야기다. 어릴 적 토끼가 자꾸 번식하여 수가 늘어나자 이를 키우기 힘들었던 카네기는 토끼에게 친구의 이름을 붙여 키웠다 한다. 그랬더니 그 친구들이 자기 이름의 토끼를 잘 키우기 위해서 경쟁적으로 먹이를 먹여 그는 손쉽게 많은 토끼를 키웠다는 이야기다.

나는 이 대목을 읽고 '어린 놈이 영악하네'라는 생각을 했다. 조금도 기발하단 생각을 하지 않았다. 카네기의 빅픽처는 손대지 않고 토끼를 키우는 것인데, 겉으로 드러난 명분은 친구의 이름을 토끼에게 붙여 준 것 아닌가? 그 토끼 팔아서 번 돈으로 친구에게 좀 나눠줬을까?

시간이 지나 그 친구가 '와 ㅅ발 내가 당했구나'라는 생각을 하지 않을까? 내가 그 친구라면 현타가 분명 올 것 같다. 친구에게 가스라이팅을 당했다는 생각에 두 번 다시는 카네기와 사업이든 투자든 하지 않으려 했을 거 같다.

나는 사업을 하며 직원들에게 자주 하는 말이 '절대 거짓말을 하지 마라'다. 업무를 정직하게 하라는 말이 아니다. 우리 같이 딸리는 머리 몇 명이 우리보다 더 똑똑하고 다수인 수강생들을 속여 먹을 수 없다는 말을 한 것이다. 예를 들어 '수업 내용을 간략하게 인터넷 카페에 올리세요. 그럼 복습이 잘 될 것입니다.'라는 말을 하는 학원이 있다고 가정해 보자. 그렇게 말 한 이의 속내는 '니가 카페에 글을 많이 써야, 사람들이 자주 검색해서 내 카페 지수가 오르고 내 카페가 커진다.'이다.

또 다른 예를 들자면 '내가 투자를 10년 이상 한 사람인데 그 학원에서 내가 서비스로 무료 세미나를 열어 주겠다.'와 같은 제안이다. 뭐 하는 강사인가 뒤를 캐 보니 경기도 모처에서 공인중개사 관련된 일을 하며 주로 매수자로 수강생을 끌어들이는 사람이었다. 말하지 않아도 그의 의도가 훤히 보이는 대목이다. 이런 것은 정확한 증거가 있지 않기 때문에 정황상 의심만 받아도 좋지 않다.

이래서 나는 빅픽처라는 말을 좋아하지 않는다. 사업하는 사람이 그런 말을 하면 금세 '영악하다', '뒤로 다른 계산이 있다'와 같은 말을 듣게 된다. 사업의 빅픽처는 고객을 만족시킨 다음에 자연스럽게 만들어진다. 그러니 그런 얄팍한 수는 접어두는 게 좋다.

나는 부동산 투자를 가르치는 학원을 하고 있다. 그럼 고객은 누구인가? 첫 번째 고객은 수강생이다. 두 번째는 강사다. 세 번째 고객은 직원이다. 이 셋을 만족시키면 사업은 무조건 잘되는 것이다. 거듭 말하지만 빅픽처는 그다음에 온다.

식당을 하는 사람에게 '원가가 얼마 들었으니, 밥값은 얼마로 하면 적당하겠다.'와 같은 결정은 좋지 않다. 또는 인근 식당이 얼마이니 얼마가 적당하단 접근도 좋지 않다. 가장 좋은 것은 '이 가격에 이 정도의 음식이면 분명 만족하실 거다.'가 좋은 접근이다. 그러기에 강의료를 하나 책정할 때도 '수강생 고객' 입장에서 만족할 만한 수강료와 수업 서비스를 제공해야 한다. 강의를 홍보하며 뭔가 대단한 것이 있는 양, 수업만 들으면 곧바로 투자가 되고 부자가 될 것처럼 하는 것은 빅픽처가 아니라 망픽처인 것도 명심해야 한다. 요즘처럼 카톡과 여러 SNS가 발달한 상황에 나쁜 소문은 금방 퍼지기 때문이다. 게다가 남을 평가하고 험담하는 것은 고객의 고유 권리다. 거기서 난도질 당하지 않으려면 과대 홍보는 절대 금물이다.

강사 고객과 직원 고객도 비슷하다. 강사에겐 더 많은 강사료를 드리기 위해 노력하면 된다. 가끔 책을 내는 강사에겐 '그간 책을 쓰느라 수고가 많았으니 내가 선물을 주겠다.'라고 하며 출간 강의를 잡는다. 대개 부동산 학원이 강의 모집 후 강사료 배분을 5 : 5로 하는데 나는 이 5로, 수강한 모든 수강생에게 강사의 신간을 구입하여 선물로 배포한다. 이 외에도 다양한 이벤트, 강사료 배분 조정 등을 통해 끊임없이 더 높은 강사료를 지급하려 애를 쓴다. 직원에겐 기본 급여를 낮추고 높은 인센티브 제도를 도입하여 그 전에 이 업계에선 볼 수 없었던 급여를 지급하고 있다. 연봉이 많을 때는 여직원 한 명이 1억 3,800만 원을 받은 해도 있었다.

그럼 나는 뭐가 남냐고? 외부 강사도 있지만 학원 매출의 80%는 나의 강의 매출이다. 우선 외부 강사의 매출 상당 부분을 지출해도 큰 타격이 없다. 돈은 뒷단에서 버는 것이다. 일단 앞단에선 고객이 이득을 보는 것이고. 코스트코나 다이소를 보라. 그리 물건을 싸게 파는데 망하는지 잘되기만 하는지. 나는 코스트코와 다이소 등에서 배운 다양한, 상품 가격을 낮추고 고객(물건을 구입하는 고객과 납품하는 고객) 모두를 만족시키는 방법을 배워 이를 학원 운영에 접목시켰다.

단순히 거래처와 직원에게 좋은 급여를 주라는 뜻이 아니다. 이를 통해 규모의 경제를 키우고 멤버십이든 쿠폰이든 단골 제도든 만들어서 뒷단에서 돈을 벌라는 의미다. 너무 학원 경영에 치우친 예시지만, 나는 외부 강사의 강의를 내가 듣고, 보너스 강의를 해주는 서비스도 제공한다. 고상철 교수 같은 나의 보조

교수가 토지 개발에 대해 강의를 하면 나는 그 강의를 수강생들과 함께 들은 후, 다음 회차 수업 1시간 전에 상가 주택 개발 사례, 편의점 개발 사례 등을 보강하여 주는 것이다. 내가 들어가 보너스 강의를 한다 하니 다른 곳에서 들을 강의를 김종율아카데미에서 듣는 게 낫지 않겠나? 이런 이유로 수강생이 많으니 강사 입장에선 더 많은 강사료도 받을 수 있다. 게다가 강사료 배분율 자체를 다른 학원보다 높게 책정하고 있다. 그럼 나는 남의 강의 3시간 듣고 1시간 보너스 강의까지 하는 수고를 들여 가면서 뭐가 남냐고 반문할 것이다. 그럴 게 전혀 아니다. 나의 빅픽처는 다른 사람의 강의를 눈치 보지 않고 들을 수 있고 더 많은 수강생에게 나의 실력을 보일 수 있어 광고효과가 생기는 것에 포인트를 두고 있다. 이로 인해 김종율아카데미를 오래 다니는 단골 수강생이 늘어나는 것이 자연스럽게 만들어진 빅픽처라면 빅픽처다. 이런 이유로 김종율아카데미가 만들어지기 전부터 나의 수업을 들었던 회원들이, 아직도 군대 동기처럼 끈끈하게 잘 지내고 있는 것이다. 사업은 뒷단에서 돈을 버는 것이다.

사족>

나는 말발이 좋은 사람이고 스피치는 더 잘하는 사람이다. 아마 토론도 꽤 잘할 것이다. 글도 나쁘지 않다. 그래서 항상 주의한다. 이런 능력이 실제 내 실력보다 부풀려져서 고객들에게 과한 기대를 갖게 하지 않을지, 또 이를 무기 삼아 별 내용이 없는 것도 번드르르하게 포장하였다가 끝에 가서 실망을 끼치지 않을지 주의를 한다. 말이 많고 언변이 좋으면 진심으로 한 것도 뒤에 뭔 다른 포석이 있었단 오해를 사기 십상이기 때문이다.

부자 중에 독고다이는 별로 없다

　　성공에 관한 글이나 영상을 보면 흔히 친구가 없는 것에 주눅 들지 말고 외로움을 즐기라고 한다. 과연 맞을까? 그 말은 당신이 어떤 능력치를 갖췄느냐에 따라 달렸다. 당신이 주변 모든 사람보다 월등히 능력이 뛰어나다면 상관없는데, 그렇지 않다면 사람 속에 살며 배워나가야 한다. 세상은 학교나 학원이나 책에서만 배우는 것이 아니다. 사람을 만나며 성격도 다듬어지고 정보도 얻고 사회화가 되는 것이다.

　　나는 예나 지금이나 새우깡 같은 사람이다. 손이 많이 가기 때문이다. 아이 손, 어른 손, 직원 손, 동료 손. 도와주는 사람이 없으면 뭐 하나 제대로 하는 것이 없다. 대학을 다닐 땐, 시험 범위나 시험 일정을 몰라 친구의 도움을 받아야 했고, 예비군 훈련 가서는 총을 잃어버려 가장 늦게 퇴소를 해야 했으며…

내가 부자가 아닌 채로 살겠다면 모르겠지만, 자수성가한 부자들은 혼자 힘으로 부자가 됐다고 하지만 사회의 많은 관계 속에서 성공을 한 사람이라는 점을 기억해야 한다. 특히 요즘처럼 세상이 빨리 변하는데 혼자서 그 많은 변화에 대처할 능력이 없다면 결국 사람을 통해 배우거나 보완하는 일밖에 없다. 그런데 재밌는 것이 어릴 적부터 혼자 있기를 좋아하는 사람은, 나이 들어 갑자기 필요한 것에 도움을 받기 위해 누군가와 관계를 맺으려 할 때 그게 뜻대로 되지 않는 경우를 종종 본다.

어릴 때는 공부를 잘하는 것이 성공이다. 그리고 공부를 잘하는 친구 중에는 친구가 많은 경우가 그리 많지 않다. 함께 어울려 공부하는 친구는 있어도 여기저기 두루 친한 사람은 드물다. 당연한 것이지만 공부해야 할 시간을 친구와 노는 데 양보하지 않기 때문이다. 그런데 이런 유형을 그대로 갖고 가면 전문직

종사자나 성공한 샐러리맨 이상을 넘지 못하는 것이 대부분이다. 대학 다닐 때 보면 딴짓도 좀 하고 친구가 술 먹자고 하면 도서관에 있다가 못 이겨 나와 술자리를 같이 하는 친구 중에 부자가 되는 이들이 많았다. 물론 자기 할 일은 하지 않은 채 친구들과 어울리기만 좋아하는 유형이 제 밥값 하며 사는 경우는 거의 없고.

독자 여러분의 주변을 둘러보라. 20~30대에 유독 혼자 있는 것을 좋아하며 그 습관 그대로 살아온 사람 중에 자수성가한 부자는 거의 없지 않나? 예를 들어 보자. 사법 시험을 합격한 변호사라도 사교성이 있어야 수임을 많이 하고, 변호사 본연의 업무를 확장하여 대단한 사업도 펼칠 가능성이 높을 것이다. 의사도 마찬가지고. 나머지 전문직도 당연히 그럴 것이다. 내 주변 고소득 전문직 중에 사람 만나는 것을 꺼리는 고소득자는 거의 없다. 사교모임이나 외향적인 성향을 가지라는 뜻이 아니라, 늘 타인과 마찰을 줄이고 자신의 시간과 금전적 비용도 감수하며 사람을 대하는 자세를 갖춰야 한단 말이다.

내가 지금 구상하고 있는 사업이 하나 있다. 상속세와 증여세

절세 플랜이 필요하고, 이를 부동산 개발과 연계하려는 사업이다. 이에 필요한 콘텐츠도 있고. 그런데 나는 부동산 투자 외엔 아는 것이 없다. 그래서 처음부터 세무사, 콘텐츠 기업 대표 등과 함께 회사를 설립하고 운영을 하려는 것이다. 그런데 만약 내가 20~30대에 혼자 있는 것을 즐겼다면? 친구가 속상한 일이 있어 불러내는데 조금 피곤하단 이유로 부름에 응하지 않고 살았다면? 그러다 갑자기 사업을 하면서 필요한 사람과만 인맥을 맺으려 하면 잘될까? 아마 사람들로부터 이런 말을 듣게 될 것이다. '저 사람은 자기 필요할 때만 사람을 찾는다.'라고. 사람들은 생각보다 쉽게 이 점을 파악한다. 손해를 보고 싶지 않기 때문이다.

옛날 부동산 경매학원을 다닐 때다. 뭔 비밀이 그리 많은지 모르겠지만 자기가 하는 일이며 직업이며 거의 모든 게 비밀인 사람이 있었다. 우연히 식사를 한번 했는데 상당한 얌체에 깍쟁이라는 인상을 받았다. 나보다 나이가 10살쯤 많은 형이었는데 강사에게만 잘 보이려 이것저것 선물 보따리를 푸는 사람이었다. 그런 그가 어느 지역 답사를 했는데 그 지역 주택시장이 너무 좋아 보여서 경매가 나오면 꼭 낙찰받아 보고 싶단 말을 하였다. 그 말을 듣고 그곳이 어딘지 물었더니 돌아오는 답이 '알려 줄 수 없다.'는 것이었다. 미친놈 같았다. 말을 꺼내지 말든가. 그 뒤 그는 아주 별로인 상가를 하나 낙찰받고, 임대가 거의 불가능한 산속 지하 빌라(다세대 주택) 하나를 낙찰받았다. 그러자 어떻게 해결해야 할지 난감하다며 자기 물건을 같이 보러 가자고 요청해 왔다. 상가는 한눈에 보아도 배후수요의 생활 동선이 아니기에 나쁜 상가로 보였고, 다세대 주택은 집은 좋으나 대로변 버스 정류소에서 그 집으로 올라가는 산길이 거의 전설의 고향에나 나올 길이었다. 저녁 7시만 되어도 호랑이가 물어갈까 걱정될 정도의 길이었다. (오른쪽 사진) 이 물건은 낙찰 이후 미납을 한 것으로 아는데 그 후 이 주변이 급격하게 개발되며 훨씬 살기 좋은 동네로 변모하였다.

내가 굳이 이런 말을 하는 이유는 요즘은 워낙 혼자 지내도 외롭거나 심심하지 않기 때문이다. 스마트폰으로는 유튜브를 틀어 놓고 컴퓨터로는 인터넷 게임을 즐기는 시대다. 성공한 사람들은 외로움을 즐겨라, 외로움을 이겨야 부자가 된다고 말한다. 맞는 말이기도 하지만 우리는 그리 북 치고 장구 치고를 다 할 수 있는 사람이 아니다. 자수성가한 부자가 되고 싶다면 결국

사진상 파란색 동그라미를 친 주택. 밤엔 인적이 드물다.

사람들의 도움이 필수다. 사업을 하다 보면 혼자 의사결정을 해야 할 것이 많기에 고독한 경우가 많다. 그럼에도 나는 시간이 부족할 정도로 많은 사람을 만나고 있다. 그러니 젊을 때부터 사람 만나는 것, 내 시간과 비용을 들여서 당장 쓸모가 있는 사람이 아니어도 마찰 없이 만나는 습관을 들이는 것이 좋다.

사람들은 은근히 사소한 것을 잘 기억한다. 밥도 자주 얻어먹는 사람과는, 사업이든 무언가 함께 도모해야 할 것이 있을 때 같이 하려 하지 않는다. 하물며 자기가 필요할 때만 연락이 오는 사람, 관계에 있어 자기 이익만 좇는 사람, 함께하고 싶을 때 이런저런 핑계로 회피한 사람과 무엇을 하고 싶겠나. 관계에서 손해를 보는 사람이 사업과 투자에선 성공하는 경우가 많다. 내게도 참 많은 옛 인연들이 연락이 와서 부동산을 물어보곤 하는데, 거의 예외 없이 잘 응대하고 있다. 그들은 일부러 연락을 끊은 이들이 아니지 않나. 그렇지만 내가 지하방과 옥탑방 살이를 전전할 때, 전화도 잘 받지 않고 자기 이득만 취하려 했던 이들이 연락 와서 이런저런 부탁을 해오면 나는 좋은 말은 해주되, 내 시간과 비용을 들이진 않는다.

유튜브에서 본 것인데, '미생, 동창을 거래처에서 만났을 때'를 보면 이런 내용이 나온다. 배우 이성민이 회사 부장으로 등장하는데 고교 동창을 만나 거래처를 하나 뚫으려는 장면이 나온다. 결국 그 고교 동창의 갑질만 있고, 거래처를 뚫는 데는 도움을 전혀 주지 않았다. 그러면서 이런 회사 생활의 애환을 그리며 마쳤다. 하지만 나는 생각이 달랐다. 그 동창의 행동은 당연한 것이라 생각했다. 평소 연락도 없고 또 동창 때도 자기 이익만 밝히던 친구였기 때문일 것이라는 것이다. 그래서 이 거래를 진행하는 동안만 연락이 잦고 엄청 친한 척하겠지만, 그 거래가 끝나면 또 연락이 뚝 끊길 사람이라고 생각했기에 그렇게 행동한 거라 느꼈다.

기억하자. 평소에 부재중 전화에 대해 콜백도 잘하지 않는 사람 중에, 똑똑하고 시간 관리도 잘하고 어느 정도 먹고 사는 사람은 있을지 몰라도, 그런 사람 중에 부자는 거의 없다는 것을. 평소 인성이 콜백도 안 하는 정도로 살다가, 내가 필요할 때 친구에게 연락을 하면 바로 드라마 미생의 부장 꼴이 나는 것이다. 드라마에선 회사 내 업무지만 내 사업이면 정말 큰 비용을 치르거나 큰 수익을 거두지 못하게 되는 것이다.

약자의 줄에 서지 마라

우리나라는 약자가 많다. 대체 왜 그런지 모르 겠지만 정말 약자가 많다. 세입자라는 약자, 무주택자라는 약자, 노동자라는 약자, 실업자라는 약자, 장애인이라는 약자, 환자라 는 약자, 노인이라는 약자, 청년이라는 약자, 신혼부부라는 약 자, 게이나 레즈비언이라는 약자 등 셀 수 없이 많다. 과연 이들 은 진짜 약자일까?

혹시 독자 여러분이 위 약자 중 어느 하나에 해당한다 하더라 도, 반드시 그들이 갖고 있는 생각에 동조해서는 안 된다. 스스로가 자본주의 사회에 살면서, 약자라 생각하며 어떻게 부자가 된단 말인가. 무주택자라면 곧 집을 살 사람, 실업자라면 곧 취업할 사람, 노동자라면 곧 사장이 될 사람, 환자라면 곧 건강을 회복할 사람 등 희망과 용기를 가질 수 있는 단어로 스스로를 부르는 것이 낫다.

사실 이런 약자 시리즈는 정치꾼들이 만들어 낸 프레임이라 본다. 이들은 멀쩡한 사람들로 하여금 사회로부터 무언가 핍박을 받고 손해를 보고 있는 사람으로 인식하게끔 하여 정치에 기대고, 정치꾼은 이들에게 표팔이를 하고 있는 것이다. 그런 식으로 하자면 나도 바지를 사면 항상 기장 수선을 해야 하는 약자에 해당한다. (웃지 마시라. 나는 진짜 키 때문에 평생 약자로 생각하고 살았고 바지 기장을 수선할 때마다 키 큰 사람들 때문에 원단비가 더 드니 그들의 바짓값을 올려서 나 같은 사람의 수선비를 충당해 줘야 한다고 생각한 적도 많았다.) 그러나 나라에서 내게 월세와 기장 수선비를 보태줘야 한다는 생각을 갖고 살아서야 되겠나?

스스로 약자라는 심리를 갖게 되면 부자가 되기 참 힘들다. 왜냐하면 자신이 약자인 이유가 자기 탓이 아닌 사회의 잘못으로 여기기 십상이기 때문이다. 그러니 나의 가난도 내가 노력하여 극복해야 할 것이 아닌, 사회가 나서줘야 할 것으로 여기고 노력을 게을리할 핑계가 된다.

친구가 되기 도저히 힘든 어릴 적 인연 중에 '사는 게 전쟁이다'라는 말을 즐겨하는 애가 있었다. 그는 당시 사는 게 매우 각박하고 힘든 상황을 그리 묘사한 것인데, 사회에 매우 불만이 많으며 사회구조 탓에 자기가 가난하다는 말을 참 많이 했다. 그러면서도 주말엔 자기 계발을 위해 서점을 가거나 학원에서 무얼 배우고 있단 말을 한 번도 들은 적이 없다. 그가 가장 주말에 많은 시간을 보내는 곳은 다름 아닌 찜질방이었다. 한번을 내가 그를 두고 "너는 전쟁을 찜질방에서 하냐?"라고 비꼰 적도 있다.

사회엔 당신이 약자이길 바라는 세력들이 참 많다. 절대로 그들이 쳐 놓은 덫에 걸리지 마라. 과거 연예인 김제동은 청년들 앞에서 강연 중 '취업 잘되는 세상을 만들어 주든가'라는 말을 하여 환호를 받은 바 있다. 그리고 또 다른 강연에서 최저임금 인상에 찬성하는 강연을 하기도 했다. 나는 이런 류의 강연을 매우 극혐한다. 우선 진정으로 청년 취업이 잘되길 바란다면 나라 탓을 하게끔 할 것이 아니라 어떻게 해야 취업이 되는지, 진정으로 도움이 되는 현실적인 조언을 했을 것이다.

더욱이 그는 한입으로 다른 자리에선 최저임금 인상을 찬성하지 않았나? 아니 최저임금이 오르면 자영업으로부터 나오는 일자리부터 다양한 일자리가 줄어드는 것은 상식 아닌가. 그의 입은 취업 잘되기 어려운 세상으로 가는데 일조하면서, 한편으로 '취업 잘되는 세상을 만들어 주든가'라는 모순되는 말을 하며 강연료를 챙기고 있는 것이다. 나는 한 번도 그가 진정으로 청년들을 위한다고 여기지 않았다. 그저 청중들에게 정신 승리를 안기고 스스로에게는 높은 강연료를 안기는 사람이 아닐까 라는 의심이 들었다. 그리고 이런 무리는 정치 영역으로 들어오면 더욱 심각하다.

대한민국은 어떤 사회인가? 분류를 하기에 따라 다르지만 세계 7대 교역 상품이라고 하면 석유화학, 자동차, 반도체, 전기/전자, 철강, 조선, 디스플레이 등을 꼽는데 이중 우리나라가 수위권에 없는 산업은 거의 없다. 인구는 인구대로 5천만 명이다. 우리 나라는 6.25 전쟁 후 완전 폐허였다. 그런 나라가 지금은 세계 10대 경제강국이 되었다. 우리나라의 역사 자체가 '하면 된다'이다. 당신이 약자이길 바라는 그들에게 답해라. 약자 같은 소리 집어치우라고.

돈 찌는 체질 5단계

직원을 뽑을 땐
정치관이 같은 사람으로 뽑아야 한다

예전 노처녀 K씨가 '어떤 사람을 배우자감으로 만나야 하나?'라는 질문을 내게 한 적이 있다. 나는 외모와 성격 모두 별로인 그녀에게 '정치관이 맞는 사람을 만나라'고 조언한 바 있다. 이후 상당히 많은 소개팅을 하였는데 정말 정치관이 다른 사람과는 관계가 오래 이어지지 않더라는 말을 해 왔다. 그러다 그녀와 정확히 정치 성향이 일치하는 사람과 소개팅을 하였고 이후 혼전 임신을 통해 지금까지 결혼생활을 잘 유지하고 있다. 나는 왜 정치관이 동일한 사람과 결혼을 하라 했을까? 정치관은 곧 인생관이다. 결혼 생활을 함에 있어 여러 가지

의사결정을 함께 해야 할 때가 있는데 정치관이 다르면 사사건건 부딪히기 십상이기 때문이다.

이런 이슈는 그대로 업무에도 녹아든다. 작은 회사일수록 시스템이 잘 갖춰져 있지 않기 마련이다. 다섯 명 정도의 회사에서 업무 분담이라는 것이 칼같이 되어 있을 리가 없다. 그냥 하나의 목표를 두고 잡일을 서로 나눠 하는 모양새다. 여기서 생각이 다르면 의사결정을 할 때 굉장히 오래 걸리고 잡음도 생기기 때문에, 쉽게 납득하지 못한 사람은 끌려가듯 일을 하게 된다. 능률과 적극성은 결여가 될 것이고. 그래서 인생관이 같은 사람끼리 뭉쳐야 일이 잘된단 말이다. 그리고 정치관이 같을 때 인생관도 비슷할 확률이 높아지는 것이고.

코로나 때 일이다. 학원업을 하는 내게 코로나는 참으로 고약한 놈이었다. 수시로 집합금지를 하니 학원 문을 수시로 닫아야 했기 때문이다. 7주간의 수업을 하는데 2~3주쯤에 갑자기 집합금지 명령을 내리면 그게 해제될 때까지 기다렸다가 수업을 재개해야 했다. 흐름이 끊이져서 학습효과기 둔회될 수밖에 없다. 대부분의 수강생들이 예습은 물론 복습도 일절 하지 않는 특성상, 끊김으로 인한 학습효과 둔화는 정말 컸다.

이때 직원 하나가 공지를 내며 이런 내용을 덧붙였다.

'코로나로 인해 집합금지 명령이 내려지면 이후의 강의는 온라인 강의로 대체됩니다.'

아뿔싸… 오프라인으로 수강하길 바라는 고객에게 자신이 잘못한 것도 아닌데 중간에 온라인으로 강제로 바꾸는 것을 수용하라니 그게 말이나 되나. 나는 당장 그 직원에게 잔소리를 한 바가지 퍼부었다. 나는 고객 입장에서 주문한 대로 서비스를 받은 것이 아니었기 때문에, 그렇게 해서는 안 된다는 입장이었고, 그 직원은 학원의 과실로 집합 금지를 당하는 것이 아니기 때문에 온라인으로 전환하는 게 맞다는 입장이었다. 결국 나는 미국 존슨앤드존슨사의 '타이레놀 독극물 살인 사건' 이야기를 전하며, 우리가 잘못한 것이 아니어도 고객 입장에서 판단하는 것이 옳다고 설득했다. 결국 우리는 7주 수업 중 집합금지 명령이 나오면 언제든 수강료 전액을 환불하겠다고 했고 중간에 온라인으로 전환하시는 분에게는 보너스 강의를 추가로 제공하고 추후 오프라인 강의는 1회차부터 전체를 다 들을 수 있도록 하겠다고 약속했다. 그리고 실제로 몇 차례 오프라인 집합금지 명령이 발동됐지만 환불을 한 수강생은 단 1명이었다. 그해 학원 매출은 처음으로 20억 원을 넘겼고 그 다음 해에는 25억 원가량의 매출로 신장했다. '그걸 악용하여 환불받는 사람 많아지면 우린 망해요'라고 하던 직원으로선 할 말이 없어진 대목이다.

또 한번은 이런 일이 있었다. 직원 하나가 입사 후 1년도 채 되지 않았는데 급여 인상을 요구한 것이었다. 인센티브를 많이 지급해서, 면접 때 그가 바랐던 급여의 2배를 주고 있던 나로서는 황당한 요구였다. 매출에 따라 급여가 오르는데 왜 조정을 하자고 하느냐고 물었더니 은근히 정해진 시간 외에 근무가 있다는 것이다. 간간이 집에 있는데 강의 문의 전화도 오고. 그에 대해 '그래서 인센티브를 별도로 주지 않냐.'라고 했더니 그건 매출이 나오면 주기로 한 것이지 근무시간이 늘어나는 것에 대한 보상은 아니라고 주장을 했다. 그도 맞는 말이고 나도 맞는 말이다. 나는 그런 업무시간 외의 잔잔한 일이 있을 것을 알았기에 그런 일을 잘해주십사하고 인센티브 제도를 도입한 것인데, 이 직원에게는 그걸 하나 하나 설명을 해줘야 했다. 결국 이 직원과 급여 협의는 퇴사를 하는 것으로 하여 아주 깔끔하게 해결을 봤다.

우리는 가끔 '결이 맞지 않는다'와 같은 표현을 하곤 한다. 작은 회사일수록 구성원들이 결이 맞아야 하고 톱니바퀴처럼 서로 잘 맞아 돌아가야 한다. 결이 다르면 혼자 반대 방향으로 도는 톱니가 된다. 그리고 그 톱니는 전체를 멈추게 하는 일을 잦게 만든다. 군대처럼 찍어 누르며 일을 시킬 순 없다. 직원도 사장의 방식에 납득이 되어야 열심히 하고 흥이 나서 할 것 아닌가.

나는 자유주의자이자 시장주의자로, 좌파 우파로 나누면 완전한 우파다. 위에 나랑 결이 맞지 않았던 직원들은 둘 다 인성이 정말 정말 좋은 사람들인데 정치 성향은 좌파였다. 한 명은 명절 때마다 내게 선물도 보내고 학원 이전 선물도 보내 주며, 형동생하며 아직도 참 친하게 지낸다. 그런데 근무하던 동안엔 달랐다. 나는 업무를 맡기고 거의 많은 일에 있어서 내 동의를 구하게 하질 않는다. 그냥 스스로의 판단으로 업무를 하고 '이런 이유로 이렇게 했다'라고 카카오톡으로 후보고만 하게 한다.

그런데 좌파 직원들은 그렇게 했더니 내 생각과 너무 다르게 일을 진행하는 것이 많았다. 수강료도 툭하면 올려서 학원 매출을 올리려 했는데 그럴 때마다 17과 19 사이를 오가는 마음으로 뜯어말렸다. 가격 경쟁력도 사업 경쟁력 중에 하나인데, 섣불리 인상하였다가 수강생이 줄면 오히려 매출이 줄어들 것이기 때문에, 항상 경쟁사보다 낮은 가격으로 유지하고 많은 수강생을 끌어오는 전략을 고수하자고 좌파를 설득했다. 그런 설득을 할 때마다 뷀같은 마음이었지만 납득을 시켜야 해서 늘 그렇게 시간과 노력이 투입되었다.

이때까지만 해도 나는 직원이 그냥 나랑 생각이 같지 않다고만 여겼다. 그런데 이를 깨달은 사건이 뒤이어 나왔다. 새로운 직원을 뽑는데 무슨 낯짝인지 면접을 한 시간씩이나 지각하는 이가 있었다. 기다렸다가 얼굴이라도 보고 가자는 마음이었는데 일단 키가 나(163cm)보다 커서 마음에 들지 않았다. 그래서 툭 던지는 말투로 "거 대통령은 누구 뽑았습니까? 불편하면 말 안 해도 되고요."라고 했다. 그랬더니 가족 전체가 우파라는 이야기를 했다. 그리고 합격.

나로선 상당한 테스트였다. 지각까지 하는 행실에, 키까지 커서 사장 무서운 줄 모를 것 같아보였기 때문이다. X세대인 나로서 이런 MZ같은 애를 뽑아도 될까하는 부담이 컸다. 그런데 막상 일을 해보니 나와 기존 직원(우파)과 손발이 착착 맞아 돌아가는 것이었다. 무엇보다 사업을 보는 안목이 상당히 비슷했다. 내가 자주 하는 말이 수강생 고객과 강사 고객에게 만족을 주는 학원이면, 그다음 보상은 우리에게 떨어진다고 했는데 이를 아주 잘 이해했고 업무에 적용했다. 또 인센티브 보상안에 대해서도 잘 이해를 해, 회사에 돈이 되는 순간에 힘주어 일하는 것이 느껴졌다. 정치 이야기가 잘 맞는 것이 아니다. 일 이야기, 사업 이야기가 잘 맞는 것이다. 직원들은 일을 하며 고충이 나름 있을 것이다. 다만 분명한 것은 더 많은 성과를 내는데도 나의 업무 스트레스와 시간 낭비가 현저히 줄었다는 것이다. 그리고 이 둘에게는 연봉 1억 원 전후의 업계 최고 수준의 급여를 지급하고 있다.

거듭 말하지만 진보나 좌파가 잘못되었다는 것도 아니다. 보수나 우파가 우월하다는 것도 아니다. 정치는 결국 인생관이다. 어떤 인생관이냐에 따라 일을 보는 시각이 달라진다. 그러니 책에 '인생관이 같은 사람과 일을 하라'고 할 수도 있지만 결국 더 노골적인 표현이 정치 성향이라 이렇게 기술했다.

혹여나 이 장을 읽고 학원에 입사 문의를 하는 분이 있을까? 미리 정치 성향을 나와 비슷하게 맞추려는 분이 있을 텐데 그럴 필요가 없다는 말을 남긴다. 직원이 시집이라도 가야 퇴사 후 그 자리에 신규 채용을 할 것인데, 하나는 이미 결혼했는데 딩크족이고 다른 한 명은 무엇이 문제인지 결혼할 기미가 영 보이지 않기 때문이다.

적

내가 첫 책을 냈을 때 책의 말미에 썼던 말이다. '독자들이여 덤벼라, 덤벼들라' 사실 이 비슷한 표현을 낡자 냄새 물씬 풍기는 소설 〈밀림무정〉에서 봤다. 그 소설은 일제강점기를 배경으로 주인공 '산'이 개마고원 일대에서, 자신의 원수인 호랑이를 잡기 위해 벌인 독특한 복수극을 풀어낸 것이다. 그러면서 나오는 '적의 크기로 자신의 한계를 가늠한다.'는 내용이 인상적이었다.

요즘 유통 업계를 살펴보면 쿠팡과 코스트코만 강세를 보이고 이마트를 포함한 많은 전통 유통 강자들은 수익이 예전만 못하다. (물론 다이소도 강세지만 이는 잡화점이라 논외로 하자.) 그런데 왜 유독 전통 강자들이 이렇게 맥을 추지 못하는 것일까? 나는 그에 대한 해답으로 자신의 적이 자신이 아닌 타인이 되었기 때문이라고 본다. 이마트를 망하게 하려면 어떻게 해야 할까? 누군가 이마트보다 싸게 상품을 공급하는데, 배달도 며칠 걸리지 않고 냉큼 가져다주면 될 것 아니겠나? 그게 가능한 것은 분명 온라인 쇼핑일 것인데, 이를 이마트가 직접 했더라면 혁신이 되었을 것인데, 쿠팡이라는 적이 해냈으니 2등이 된 것이다. 물론 이마트 신세계도 온라인 쇼핑에 과감한 투자를 하였으나, 집중력과 업에 대한 이해도에서 쿠팡만큼 죽자고 달려든 느낌이 없다. 그리고 쿠팡은 스스로가 자신의 적이 되어 행동하고 있다. 쿠팡을 망하게 할 반품의 편리함, 신속한 배송, 결제의 간소화 등을 규모의 경제를 내세워 척척 해내고 있다.

오프라인 기반의 코스트코도 마찬가지다. 나는 홈플러스가 2000년대 후반 한창 잘나갈 때 점포 개발 담당을 하며 유통을 배워 나갔다. 그때 배웠던 것이 상품 마진이 30%는 되어야 물류비와 운영비를 부담하고 약 10% 정도의 영업이익이 난다는 것이었다. 실제로 내가 근무할 당시 6~7조 원 정도의 매출에 5,000억 원 정도의 영업이익을 실현했다. 그렇다면 오프라인 매장에서 이런 홈플러스의 적이 되려면 어떻게 해야 할까? 상품 마진을 15% 정도로 맞추면 거의 영업이익이 나지 않기 때문에 경쟁사에는 더없이 큰 적이 된다. 게다가 상품의 가짓수를 줄여 인기 품목 위주로 초대량 구매를 한 뒤, 마진을 줄여버리면 경쟁사에는 정말 어마어마한 적이 될 것이다. 육류와 채소 같은 신선식품도 대용량을 판매하며, 소분하는 비용을 줄이고 진열도 박스째로 하며 지게차로 하는 수준이 되면 그야말로 원가를 혁신적으로 줄일 수 있기에, 경쟁사에는 정말 큰 적이 될 수 있다.

그런 그 당사자는 뭐가 남냐고? 멤버십이다. 수없이 많은 충성 고객에게 멤버십 비용을 받아 딱 그만큼이 영업이익의 크기가 되고 운영에서 나온 상품 마진은 고스란히 운영비용으로 소진되는 곳, 그렇게 하여 오프라인 유통 경쟁사에게 적대적 행동을 한 곳, 그곳이 코스트코다. 그리고 코스트코는 지금도, 스스로 코스트코의 적이 되어 혁신에 혁신을 거듭하고 있다.

나는 학원을 운영하며 가끔 직원들에게 '적경영'을 이야기한다. 김종율아카데미의 적이 우리 스스로가 되어야 한단 말을 하는 것이다. 김종율아카데미를 망하게 하려면 어떤 것을 해야 하며, 그리고 그걸 우리 스스로가 외세의 침략(?)이 발생하기 전에 해 내야 한다는 것이다. 나는 부동산 투자를 가르치는 학원을 운영하고 있다. 이런 학원을 망하게 하려면 어떻게 해야 할까? 우선 김종율 원장보다 상가와 토지 투자를 잘하는 강사가 등장해야 한다. 더 실력이 좋은 강사가 더 싸게 강의를 하면서 더 설명을 잘하면 된다. 직원들은 김종율아카데미 직원보다 더 친절해야 하고 학원의 위치도 좋아야 한다.

그래서 나는 매주 답사를 하며 투자에 대한 실력을 쌓기 위해 노력한다. 내가 공부할 필요가 있는 수업은 어떻게든 만들고 외부 전문가를 모셔 수강생들과 함께 공부한다. 또한 수강료도 경쟁사보다 저렴하게 책정한다. 다만 강사료와 직원의 급여는 아마도 업계 최고로 드리고 있을 것이다. 이는 앞서 설명한 고객을 만족시키면 빅픽처는 뒤따르게 되어 있다는 말과 같다.

나는 혁신가도 아니고 재벌도 아니다. 나보다 더 큰 부자가 되려면 방법이 이와 같진 않을 것으로 본다. 음식점을 하나 하더라도 프랜차이즈로 키워 재벌의 반열에 오르는 사람이 있다면 나는 그저 음식점을 그 동네에서 망하지 않게 유지하는데 맞춰진 사람일 것이다. 그러니 나의 방법이 탁월하거나 완전하다고 생각하진 않는다. 부동산 투자 학원업계에도 나보다 큰 대형 학원이 몇 개 있다. 나는 어떻게 하면 그들을 뛰어넘을 것인가를 고민하지 않는다. 다만 어떻게 하면 김종율아카데미가 망할지를 고민하여, 그에 대한 대비책을 생각해서 철저하게 내 영역, 내 밥그릇을 지키고 있을 뿐이다. 자본과 혁신을 앞세운 대형 유통회사의 틈바구니에서 철저히 자기 영역을 지켜내며 결코 1등을 하진 못하지만, 독보적인 자기 영역을 지키고 있는 다이소처럼 말이다. 나보다 더 큰 부자가 되고자 하는 사람이면 내 방법에서 머물러 있으면 안 되겠지만, 나처럼 1년에 10억 원 이상 (소득세 포함)의 수익을 꾸준히 지키는 것만으로 만족하는 사람이라면 이렇게 할 필요가 있다.

나의 적이 어떤 적 같은 행동으로 나를 망하게 할지를 생각하면, 망하기 전에 내가 해야 할 것이 보인다. 이는 단순히 나의 이익을 줄이고 상대를 죽이려는 행동에 집중하라는 것이 아니다. 사업의 세계에선, 늘 내가 발을 들인 이후에 진입하는 경쟁자는 어떻게 하면 나보다 경쟁력을 갖출 수 있을지 고민부터 한다. 당신이라면 김밥집을 하든 고깃집을 하든 기존의 경쟁점보다 더 맛있고 싸고 위치가 좋은 곳에 오픈하려 하지 않겠는가. 적 경영을 하면 이런 현실을 자연스레 대비하게 된다.

나는 오늘도 내일도 이런 말을 들을 것이다.

"적 같이 하네"

주인의식을 바랄 거면 주인처럼 대해야 한다

코로나가 터지기 직전 송파구의 유흥 상권 조사를 할 때였다 상권 분석 및 수매점 매출 추정을 하던 나는, 현장에서의 기억을 토대로 자료를 만들려 했다. 그러기 위해 심야 시간에도 영업을 하는 카페에 들러 여러 자료를 보며 PPT 작업을 하려 했다. 그러면서 차 한잔과 케이크를 하나 주문했는데 알바가 음료를 건네며 내게 '혼자 왔으니 테이블 2개는 차지하면 안 된다.'라고 하였다. 나는 빙긋이 웃으며 '그럼 음료를 하나 더 달라'고 했는데 알바의 대답이 기가 찼다. 그런 건 모르겠고, 사장님은 혼자 온 손님에겐 테이블 두 개를 무조건 못 쓰게 하라고 명했다고만 반복하였다. 덧붙이길, 만약 다른 사람이 와서 '저 사람도 혼자서 테이블 두 개를 차지했으니 나도 하겠다.'라고 하면 뭐라 답을 하냐는 것이었다. 나도 물러서지 않고 답하길 '그럼 음료를 3개 시키고 내 맞은편에 두어 잠시 자리를 비운 것처럼 하겠다.'고 답을 하였다. 이제는 내가 이겼겠지라고 생각하고 있었는데, 그 알바의 대답이 예술이었다. 그런 건 매뉴얼에 없고 그냥 1인 손님은 테이블 2개를 차지할 수 없다며, 음료를 만든 걸 환불을 바라면 버리고 카드 취소를 해 주겠다는 것이었다. 심야 시간에 빈 자리가 넘쳐나는데 꼭 그렇게 등신같이 대처를 해야 하는지 모르겠지만 나도 기분이 상해서 취소를 하고 나와 버렸다.

　　장사나 사업을 하며 직원 관리를 할 때 제일 어려운 점 중 하나가 직원의 주인의식에 대한 것이다. 위 카페 알바처럼 매뉴얼대로만 일을 하며 알빠노(내 알바 아니라는 의미)라는 식의 대응을 하는 것을 주인이 본다면, 당장 '네가 주인이라면 그렇게 하겠니?'라고 답을 할 것이다. 그런데 여기서 주인에게도 하나 따질게 있다. '그럼 내가 알바지, 주인입니까?'다. 매출을 더 일으키나 그렇지 않으나 알바에게 돌아오는 급부가 변함이 없다면, 그 알바 입장에선 가게가 망하지 않는 선에서 매출이 적은 것이 더 이득일 수 있다.

나는 직원에게 주인의식을 갖게 하려면 권한과 책임, 그리고 인센티브를 제공할 수 있어야 한다고 말한다. 지금의 회사에서도 업무를 각자 구분 후 자신이 맡은 일은 자기가 알아서 결정하고 카카오톡으로 그렇게 한 사유와 결과만 남기라고 한다. 사소한 일까지 허락을 받게 하면 결코 주인의식이 나올 수가 없다. 사무실 이전을 하는데 인테리어나 책상 등 비품을 어떤 것으로 구입할 것인지에 대해서도 나는 참견치 않는다. '나는 똥눈이고 너희들이 쓸 것이니 너희들 마음에 드는 것으로 사라'라고 말을 한 뒤 제발 비싼 거 지르지 않기를 기도한 뿐이다. 외부 강사의 강사료를 지급할 때도 '집이 멀어서', '모집이 잘되어서', '처음 우리 학원에 오신 분이라서' 등의 이유로 강사료를 조금씩 더 지급하고자 할 때도 한 번도 반대한 적이 없다. 왜 돈을 더 줘야 한다고 생각하는지 반박하기 시작하면 주인의식이 휘발된다. 그저 시키는 대로만 계산하는 알바가 되고 마는 것이다. (인센티브에 대한 내용은 '고객을 만족시켜라. 빅픽처는 그다음이다'에서 언급하였으니 여기선 언급하지 않겠다.)

　직원에게 주인 대접을 해 주지 않고 주인의식을 바라는 것도 도둑놈 심보다. 스스로 의사결정을 할 권한도 하나 주지 않으면서 잘못된 것엔 잔소리만 늘어놓고선, 선택적인 주인의식을 찾으면 그건 불가능한 바람이다. 사사건건 의견이 다르다고 타박하고 다른 사람들 앞에서 면박을 주면, 그 직원은 주눅이 들어 절대로 주인의식이 생길 수 없다. 작은 것 하나도 스스로 결정하지 못하기 때문에 '대표님, 이거 이렇게 할까요?'라는 보고가 줄을 잇게 될 것이다. 그리고 이는 업무의 비효율로 이어질 수밖에 없을 것이고.

　한번은 이런 일이 있었다. 어느 외부 강사 색히의 강의였는데 자신이 준비한 노트북으로 강의를 하다, 빔이 아웃되고 PPT 화면이 켜지지 않는 일이 터진 것이다. 그 강사 색히는 그 많은 수강생 앞에서 내 직원에게 '관리를 어떻게 한 것이냐!'고 호통을 쳤다. 여러 수강생 앞에서 욕사발을 먹은 직원은 어떻게 해야 할지 몰라 거의 울먹이는 목소리로 내게 전화를 하여 어떻게 해결해야 하냐고 물어 왔다. 나는 뭐라고 했을까? 왜 준비를 소홀히 하여 그리 큰 강의를 망치게 했냐고 했을까? 전혀 아니다. 나의 대답에는 아주 심한 욕설이 담겨 있었다.

"이 씨발 색히가 뭔데 내 직원한테 그 사람 많은 데서 면박을 주고 지랄이야? 강사료 주고 수강료 다 환불해 줄테니 당장 꺼지라고 해라. 내가 학원에 있었으면 그 많은 사람들 앞에서 똑같이 욕해줬을 것인데, 운 좋은 줄 알라 해."였다. 그러곤 그를 학원으로 초빙한 ○○에게도 전화를 하여 좋지 않은 말을 했다. 증권사 센터장까지 한 색히가 여러 사람 앞에서 남의 회사 어린 여직원을 세워놓고 뭐하는 짓거리냐고 따져 들었던 것이다. 내 직원은 이미 주인의식을 갖고 잘 처리하지 못한 것에 대해 자책을 하고 있을 것이 뻔하지 않나. 그 상황에서 직원을 나무라 봐야 아무런 장점이 없다. 그냥 주인의식만 빠질 뿐이다.

이는 가족관계에서도 마찬가지다. 내 자녀나 남편, 또는 아내가 제3자와 무슨 갈등을 겪고 있다면 무조건 가족 편을 들어주는 것이 좋다. 특히 자녀에겐 그게 반드시 필요하다. 나의 어린 시절은 경제적으로 상당히 어려웠지만 성장기의 나는 어두운 구석이 거의 없었다. 왜 그랬을까? 나는 초등학교 6학년 때까지 할머니 손에 크며 할머니가 그 어떤 사고를 쳐도 내 편을 들어 주었기 때문이다. 심지어 4학년 때 나와 싸움을 했는데 내가 그의 손을 물어 뜯어서 울고 간 친구가 자기 엄마를 앞세우고 우리 집에 찾아와 따지는 일도 있었다. 그때 나는 "저 색히가 나한테 땅콩이라고 했다!!"라며 항변을 했고 이 말을 들은 할머니는 빗자루를 들고 "어디 우리 종율이가 땅콩이고? 니 내한테도 맞아라."며 그 엄마와 애를 할머니가 쓸어 버린 일도 있었다. 돌이켜 보면 무조건 잘했다고 하며 칭찬을 해 주는 할머니 밑에서 자랐기에, 내가 억울한 일을 당한 것에 대해서도 입을 다물지 않고 나의 주장을 할 수 있었던 것이다. 훗날 심리학과 대화술을 공부해보니 나의 그런 어린 시절이 지금의 성공에 큰 밑거름이 되었다는 것을 깨달았다.

가끔은 가족이 '해결사'를 자처하며 이렇게 저렇게 해보란 말을 하곤 한다. 그게 가족을 돕는 것이라 여기는데 절대 아니다. 먼저 편을 들어주어야 한다. 충분히 공감을 해주고 '속상했겠구나'와 같은 말을 여러 번 해 준 다음 조금씩 해결책을 제시하는 것이 해답이다. 그렇지 않으면 밖에서 어떤 불합리한 일을 겪어도 부모나 가족에게 털어놓지 않게 된다. 그렇게 되면 자기 인생에 대해서도 주인의식을 잃게 되고 무엇 하나 자기 스스로 해내는 능력이 결여되기 십상이다. 나도 이 점을 몰라, 가족 간 많은 갈등이 있고 심리상담을 받으며 깨친 것이다. 나도 훈련이 부족한 부분이기도 하다.

요즘은 중심이 되는 직원 셋이서 알아서 일을 다 해준다. 강사를 초빙하는 일, 강사료 배분하는 일 등 굵직한 업무도 스스로 한다. 건물 하자, 시설 유지보수, 청소, 채용, 비품 구입, 막힌 변기 뚫기 등 웬만한 일의 의사결정엔 내가 관여하지 않는다. 따지고 보면 직원들이 보고를 위해 시간을 쓴 다음 일을 처리하는 거 자체가 혼자였으면 단번에 할 일이니, 회사의 직원이라는 자산을 낭비한 것이나 마찬가지다. 나는 나의 강의와 회식 때 메뉴 고르는 일에만 주인 의식을 발휘할 뿐이다.

적절한 보상과 함께 업무에 대한 권한을 준 뒤, 잘못한 것을 나무라지 말고 많은 것을 시도하고 관리하게끔 해주는 것이 좋다. 실제로 오프라인으로만 운영하던 학원에 '온라인 강의를 도입하자'고 한 직원 덕에 다른 학원보다 온라인 강의가 빠르게 자리 잡았고, 그 불경기에도 매출의 한 축을 맡고 있다. 주인의식을 가진 직원들이, 강의 마케팅 시장이 변했으니 새로운 시도를 해보자는 제안을 했다. 나는 고분고분 그들의 말을 따랐고 상당한 성공을 거두고 있다. 직원이 주인처럼 굴 수 있어야 주인의식도 생긴다. 네가 뭔데 네 멋대로 그런 결정을 했냐는 말을 듣게 되는 직원은, 그 회사나 가게에서 주인의식을 발휘하기가 어렵게 된다. 직원이 주인의식을 가지는 순간 회사는 정말 신속하게 돌아가고, 불필요한 비용의 절감과 매출의 증대가 이어진다. 내 회사의 두 번째 성장이 바로 이 시기부터 실현되었다.

덧붙임── 하지만 직원을 너무 믿어버리면 횡령이나 배임 같은 일을 만들 수도 있다. 편의점 같은 곳은 점장에게 가게를 맡기다시피 하면 판매 대금의 일부를 사적으로 유용하는 경우가 빈번하다. 2025년 11월, 10년이 넘는 세월을 함께 했던 가수 성시경의 매니저가 상당한 금액을 횡령한 것이 보도되기도 했다. 역시나 머리 검은 짐승은 거두는 것이 아닌 것이다. 그럼 이런 피해를 막으려면 어떻게 해야 할까? 원래 작은 도둑질에서 문제가 생기지 않으면 큰 도둑으로 발전하는 법이다. 성시경의 매니저도 처음부터 큰돈을 해 먹진 않았을 것이다. 그래서 승인받지 않은 작은 비용에 대해 한 번씩 체크를 해두면 좋다. 편의점의 경우도 개수나 가격이 맞지 않거나, 환불이나 취소한 건에 대해 CCTV와 대조를 하여 실제로 그러한 거래가 일어난 것인지 확인을 하고 이를 직원에게 알려주면 허튼 짓을 할 생각을 잘하지 못하는 것이다. 이를 테면 '다 보고 있다'라는 메시지를 주는 것이다. 나의 경우는 환불된 내역을 환불받은 계좌의 주인과 대조를 하는 것 등 사소한 것을 정기적으로 체크를 하고 있다. 직원을 의심하기보다는 직원도 인간이니 실수할 수 있는 것을 더블 체크하는 마음으로 한다. 그리고 그렇게 하는 것이 나에게, 직원에게 업무 권한을 충분히 주는 것에 대한 안도감을 준다.

세상의 기준 말고
내 기준으로 한번 살아보라

나는 주변 사람들로부터 법질서를 잘 지키지 않는다는 말을 자주 듣곤 한다. 이게 돈을 좀 벌더니 사람이 건방져진 게 아니라, 어릴 때부터 제대로 지키지 않는 것들이 한가득이었다. 다만 이렇게 행동하더라도 늘 한 가지 원칙은 있다. 절대 타인에게 피해를 주지 않는 선은 지키는 것이다. 내가 내 마음대로 할 자유는 늘 있지만, 그것이 늘 타인의 자유와 이익을 침해하지 않는 선을 넘기 전에 멈추기 때문에 존중받는 것이다.

정주영 회장님의 일화는 유독 '기발한 것'이 많다. 눈이 수북

이 쌓인 날 골프를 치기 위해 공을 흰색이 아닌 다른 색으로 칠하여 눈밭에서도 보이게끔 만든 것, 유조선 공법으로 서산 간척지 사업을 성공시킨 것, 유엔군 묘지에 한겨울에 청보리를 심어 푸르게 보이게 한 것 등 여러 사람에게 알려진 것이 참 많다. 그런데 왜 유독 정주영 회장님만 이런 사례가 많을까? 다른 기업가에게선 거의 찾아볼 수가 없지 않나? 나는 그 이유를, 정주영 회장님께서 세상의 기준이 아닌 자신만의 기준으로 살았기 때문으로 보고 있다. 세상의 기준으로 보면, 가난한 농군의 아들로 태어났다면, 줄줄이 달린 동생을 먹여 살리기 위해서 농업에 매달려야 하건만, 소 판 돈을 갖고 가출을 하는 등 여러 번의 가출을 감행하여, 서울로 와서 일을 배우고 사업을 키운 것이다. 처음부터 세상의 기준으로 사는 아버지의 뜻을 따르지 않았고 자신의 기준인 사업가로서의 삶을 꿈꿨던 것이다.

나는 이 책 《돈 찌는 체질》을 집필하며 골똘히 생각에 잠길 때가 한두 번이 아니었다. 집필을 하던 새벽에도 운동화를 신고 거실을 걸으며 이 생각 저 생각을 했다. 그중 가장 깊이 파고든 질문은 '왜 나는 부자일까' 하는 것이다. 투자를 잘하고 강의를 잘하니까 부자가 된 것 아니겠나 또는 유통 회사에서 점포 개발을 잘 배웠고 어릴 적부터 부자가 되고 싶다는 꿈이 있었으니 그렇게 된 것이 아니겠나 하겠지만 나는 좀더 깊이 관찰하고 싶었다. 나와 비슷한 길을 걸었지만 진짜 부자가 된 사람은 몇 명 되지 않기 때문이다. 나는 왜 어릴 때 절친의 부친으로부터 '종율이는 부자 될 거 같다' '몇 수 앞을 내다본다'와 같은 말을 들었을까? 왜 나보다 공부를 열심히 하고 지금도 인생을 더 열심히 사는 친구들보다 내가 훨씬 더 부자일까? 어떻게 부동산 경기가 좋지 않던 그 시절, 함께 부동산 경매를 공부했던 선후배님들보다 내가 더 큰 수익을 냈을까? 내가 열심히 한 것 말고 뭔가 짚일 듯 말 듯한 다른 요인이 있었다. 어릴 적 남들과 다른 괴상한 짓을 한 것들을 나열해 보니 뭔가 느껴지는 것이 있었는데, 바로 나는 내 기준으로 산다는 것이다. 그리고 보니 골똘히 생각하며 걷는 당시, 거실에서 운동화를 신는 것부터가 나의 기준이었다. 세상의 기준은 실내에선 맨발이나 실내화를 신는 것이지만, 거실에서 워킹을 간단히 하고 싶은 나는, 실내용 운동화를 따로 마련해 두고 있었던 것이다. 그리고 그것이 내 기준이다.

　나의 기준으로 세상을 사는 것은 부자로 가는 길뿐 아니라, 나다운 인생을 사는 데 매우 중요한 에너지가 된다. 세상의 기준으로 살면 '이런 저런 이유로 할 수가 없어.'라는 결론에 도달하게 된다. 그러나 내 기준으로 살면 다르다. '이런저런 방해 요소가 있지만 이렇게 하면 할 수 있어.'라는 결론에 도달할 수 있기 때문이다. 이걸 어릴 때는 친구들이 내게 뛰어난 잔머리라 했는데 지금 생각해 보니 나의 기준으로 살았기에 잔머리가 발동될 수 있었던 것이다. 정주영 회장님도 직원을 다그치며 '이봐, 해보기는 했어?'라는 말을 자주하셨다지 않나. 정주영 회장님은 처음부터 어떻게 하면 할 수 있을까 생각한 것이고, 직원은 세상의 기준으로 살다 보니 안 되는 이유가 먼저 보였던 것일 게다.

앞서도 언급했지만 나는 고3때 교복을 입은 채로 논노패션 가맹설명회를 다녀왔다. 부모님은 당연히 '하라는 공부나 해라'라고 말렸다. 세상의 기준으로는 고3이 공부를 열심히 해야지 그런 델 왜 가나. 대학을 다니면서는 서울 종로구에 있는 스피치 학원을 다녔다. 그 흔한 토익학원은 다니지 않으면서 스피치 학원, 그것도 이미 언변이 나쁘지 않은데 거기까지 다닐 이유가 있냐는 주변 친구들의 조언이 많았다. 23살에 청약저축 가입을 위해 주민등록을 부산에서 대학이 있는 수원으로 빼 온 것, 29살에 청약통장을 통해 아파트 분양을 받은 것, 직장 2년 차에 부동산 경매 공부를 시작한 것 모두가 세상의 기준에선 맞지 않는 일이었다. 고등학교 땐 학원 수업을 빠져 놀러 가고 싶은데 방법이 없어, 빨간색 볼펜 잉크를 잘라 새끼발가락에 바르고선 슬리퍼를 잘못 신어서 피가 난다고 한 다음 조퇴를 한 일도 있다. 수영을 전혀 못하는데, 홧김에 군대에 지원하여 해군으로 복무할 때는 이런 일도 있었다. 다이빙을 포함한 수영 훈련이 있는데 도저히 해낼 자신이 없어 아침부터 눈을 세게 비벼서 핏줄이 터지게 만들었다. 그리고 결과는 '눈병으로 열외'였다. (진짜 엄청 많은데, 책에 소개하면 욕만 왕창 먹을거 같아서 할 수가 없다.)

또 군대 이야긴데 내가 훈련소를 마치고 자대에 배치받아 열심히 요리를 하고 있을 때다. 맞다. 나는 취사병이었다. 어느 날 조리장으로부터 군 복무하는 동안에도 조리사 자격 시험 같은 것을 응시할 수 있다는 말을 들었다. 취사병인 나는 조리기능사 시험에 도전하고 싶었지만, 함정(군함)근무를 하던 당시엔 도저히 응시 원서를 구할 수가 없었다. 그리하여 영외 하사도 달기 전인 조리장에게 응시 원서를 하나 구해달라고 부탁했다. 군대 말로 짬밥도 얼마 안 된 조리장에게, 자기도 시험을 치고 싶지만 원서를 위에서 커트당해 못 친다는 조리장에게 부탁을 한 것이었다.

그런데 접수 마지막 날, 한쪽 귀퉁이가 찢겨나간 원서를 하나 건네며 그마저도 겨우 구했다는 말을 하였다. 점심 식사를 마치고 원서를 써서 육상에 있는 부대(당시의 나는 OO함이라는 함정 근무를 했는데 함정이 부둣가에 있다보니 육상 부대까지는 자전거로도 10분 이상 걸리는 거리였다.)에 제출을 해야 하는데 이번엔 또 다른 난관에 부딪혔다. 원서에 3장의 사진을 모두 똑같은 것으로 붙이게끔 되어 있는 게 아닌가. 이는 한국산업인력관리공단의 양식이었다. 군대 일병이 증명사진이 3개씩이나 있을 리 있나. 나는 쌀 창고에서 고향에서 갖고 온 여러 사진 중 그나마 증명사진 같은 사진 2개를 겨우 골라 오려 붙여 놓았다. 아무리 뒤지고 뒤져도 한 장은 없었는데 마지막 무기가 있었다. 주민등록증이었다. 당시는 종이에 코팅을 한 주민등록증이라 이를 찢어서 마지막 한 칸에 붙일 수가 있었다. 그리고 들고 뛰었다. 군함이 정박되어 있는 부두에서 몇 킬로 떨어진 육상 부대까지 이 원서를 접수해야 했기 때문이었다. 숨을 헐떡이며 제출한 원서는 한쪽이 찢어진 손상된 상태라 받을 수 없다 하였다. 거기다 사진도 1, 2, 3이 모두 다르기 때문에 더더욱 접수를 받아 줄 수가 없다 하였다. 나는 일병이고, 그 설명을 한 사람은 중사쯤이었던 것으로 기억한다. 그냥 부탁을 했다. 어차피 조금 찢어진 것은 접수 후 부주

의로도 볼 수 있고, 사진이 각기 다르다 하여도 응시표는 내가
갖고 나머지도 공단이 하나, 수험표 관리하는 곳이 하나 보관
할 테니 서로 대조도 어려울 것 같았기 때문에 이 사람만 설득
하면 될 것 같았다. 그래서 접수만 받아달라 사정하며, 만약 시
험을 치렀는데 안 된다고 하면 그때는 결과에 수용하겠다고 하
였다. 결과? 나는 당연히 합격했다. 당시의 나는 어떻게 하면 원
서를 접수할 수 있을까만 생각했지, 어떤 제약 때문에 안될 것이
라곤 생각하지 않았다. 그게 나의 기준이다.

　직장을 다니는 동안엔 이런 일도 있었다. 당시 대전 사무소와
서울 사무소를 오가며 충청도 지역을 담당하고 있을 때였다. 대
전에서 근무하면, 잠을 대전에 있는 모텔에서 자게 되는데 이를
숙박비로 경비 처리하자니, 매월 꽤 큰돈을 회사에 청구해야 했
다. 그리고 서울에 있는 내 집(당시는 옥탑방으로 올라온 지 얼마 되
지 않았을 때로 옥탑방에 대한 애정이 각별하였다.)은 놀리고 있는 것
이었다. 회삿돈인데 무슨 상관이냐 하겠지만, 나는 대전에 여러
원룸을 알아보며 숙박비보다 더 저렴한 원룸이 있을지 알아보
고 있었다. 그렇게 숙박비보다 싼 방을 찾다 보니 한남대 앞 허
름한 하숙촌도 방문하게 되었는데, 대화를 하다보니 엄마뻘인

그 아주머니에게는 나랑 동갑이며 서울 선릉역에서 직장생활을 하고 있는 아들이 있다고 하였다. 그래서 대뜸,

"제가 서울 사당역 쪽에 원룸이 있는데, 혹시 아들이 서울에서 직장 생활을 하면 내 집에서 살게 하고 제가 여기서 하숙을 공짜로 하면 어떻겠습니까?"

라고 하였는데, 이를 받아들여 주었다. 대전 근무를 하며 회사에 숙박비를 아꼈던 나의 이야기가 재밌었는지, 금세 대표이사님의 귀에도 들어가 '그놈 총명하네'라는 이야기도 있었다고 한다.

가끔 식당에서 술을 한잔하고자 할 땐 이렇게 하기도 한다. (욕하는 독자가 많겠지…) 나는 숙취 때문에 술은 거의 위스키 같은 증류주를 마시는데, 밤늦게 운영하는 식당은 사장도 없고 콜키지도 되지 않은 곳이 더러 있다. 그럴 땐 그냥 위스키를 하늘보리 플라스틱병에 넣어서 간다. 그런 다음 그 식당에서 소주와 맥주 등을 시키고 물잔에 적당히 따라 버린다. 이 경우 반드시 종업원에게 팁을 준다. 얼마 전에도 성남시 ○○닭갈비에서 남자

알바에게 '마치고 커피 한 잔 하세요.'라며 팁을 드렸다. 내 기준은 이렇다. 비교적 한가한 시간에 식당은 음식에 술까지 팔았으니 좋고, 직원은 팁을 받았으니 좋고, 나는 원하는 술을 마셨으니 모두가 좋은 것 아니겠냐는 것이다. 식당의 시스템상, 강의를 마친 밤, 알바뿐인 늦은 시간에 사장님의 양해를 구하지 못하였을 뿐이지.

다만 이렇게 내가 원하는 바를 내 기준에 맞춰 얻으려 할 때 주의해야 할 것이 하나 있다. 반드시 상대를 기망하는 짓을 해서는 안 된다는 것이다. 주변 사람들이 나를 '해내는 사람'으로 인식하는 것은 좋지만 '약은 사람'으로 인식하게 해서는 안 된다. 특히 다른 명분을 내세워 다른 사람이 비용을 치르게 하는 것은 매우 좋지 않다. 누구든 사람을 한 번 두 번 만나다 보면 상대의 저의를 쉽게 파악할 수 있기 때문이다.

와이프가 도와주지 않을 때는 부부 상담을 받자

황당하게도 남편이 돈을 잘 버는데 아내가 이를 그리 반기지 않는 경우도 더러 있다

수없이 많은 자수성가한 가장들이 이에 공감할 것이다. 나 역시 그러했으니.

영유아 같은 이야기지만 가정에서 파워 게임에 밀리고 싶지 않은 심리가 있기 때문이다.

힘의 균형이 남편에게만 쏠리는 것이 이를 마주하는 아내에겐 그리 달갑지 않은 것이다.

내 아내의 인식이 그러한 것이 아니라 이는 본능에 가까운 것으로 모든 가정이 비슷하다.

이 반대가 될 수도 있다. 아내가 사업이나 투자로 돈을 잘 버는데, 남편이 뒷받침을 못 해주는 경우도 흔하다. 돈 욕심을 버리고 집안 살림 챙기고 애들도 돌보라고 하면서 말이다. 물론 사람에 따라 돈을 잘 버는 대신, 시간이 부족하거나 가정적이지 못한 배우자보다는 적당히 벌며 가정에서도 화목하게 지내는 것을 선호하는 이들도 있을 것이다. 그러나 적당히 벌며 배우자가 시간이 좀 여유 있다고 하여 화목해지는 것이 아니다. 대개의 남편이 직장만 달랑 다니며 추가적인 수입은 없고 시간만 많으면, 그것을 오롯이 가정이나 아내에게만 쓸까? 게임을 하거나 다른 취미가 있을 것이다. 그런 경우 연봉이 1억 원이라 하여도 4대 보험을 공제하고 나면 기껏해야 700만 원도 손에 쥐지 못할 것인데, 미래를 위한 대비를 하지 않는다고 다툼이 생길 것이다.

나 역시도 투자와 강의 등으로 내 시간을 쪼개고 쪼개 살 때 '당신이 돈을 잘 벌어서 내가 버는 돈은 무시하는 것 같아 싫어.'라는 말을 와이프로부터 들었다. 나의 대답은 멍청하기 그지 없었다. '그럼 내가 망해서 월 200만 원 정도 벌면서 당신 돈으로 애들 키우면 자존감이 올라서 좋겠네?'라고 하였으니 말이다.

사실은 그게 내 처의 입장에선 자신도 열심히 일하고 애들도 돌보고 있으니 이를 인정해 달란 의미였다. 그런데 나는 개멍충이 같은 대답을 한 것이었다.

그렇다면 나는, 내가 얼마나 멍청한 답을 했는지 어떻게 알았을까? 그것은 바로 부부 상담을 받은 후였다. 나같이 흙수저에서 경제적으로 성공한 사람들의 가장 큰 단점이 뭘까? 자라오는 과정에서 외부의 도움보다는 공부와 자기계발을 통해 스스로 결정한 것이 잘 된다는걸 아는 사람들 아닌가. 이들은 확증편향도 강하고 자기가 옳다는 생각을 타인에게도 강하게 어필한다. 그러는 과정에서 작은 것도 해내지 못하는 사람에 대한 답답함과, 못하는 것에 대한 이유에 대해 받아들이지 못한다. 그저 열심히 하지 않고 핑계만 찾는 사람, 열심히 해보기도 전에 못할 구실을 먼저 찾는 사람쯤으로 여겨 버린다. 상담 후 '하면 된다'라는 마음가짐도 능력이라는 생각이 들 정도였으니 말이다.

나 역시 상담을 하며 이런저런 이야기를 듣던 중 해내지 못하는 것에 대해 이런 반박을 들었다. '당신은 평생 도장 깨기를 하고 살아온 것 아닙니까.' 그 상담사의 말은, 나는 평생을 자기 계발을 하며 살았고 상대는 그렇지 않았으니, 나의 입장에선 쉬운 일도 상대는 어려워할 수 있다는 것을 인정하라는 말이었다. 아이에 대한 교육도 걱정을 크게 했다. 나는 어릴 적부터 헝그리 정신이 있어 강하게 다져진 것이 있는데, 내 아이들은 그게 없을 거 같아 걱정이라 하였더니, '당신의 아이들은 태어나 보니 아빠가 김종율이더라라는 것을 안다.' 라고 하면서 절대로 그런 것을 기대하지 말라 하였다. 그러면서 어릴 적 그리 가난한 동네에 헝그리 정신 가득한 친구들 중 잘된 사람이 몇이나 있느냐며, 아이들 편이 되어 주라는 주문을 하였다.

매회 30만 원씩 10회면 300만 원에 달하는 상담료였지만 꽤 긴 시간 상담을 받았고, 이후에는 상담사를 바꿔서도 여러 차례 상담을 받았다. 부부 사이에 대해 그리고 아이들과 교육에 대한 상담도 받았다. 그 결과 나는 참 돈만 알고 부족한 것이 많다는 것을 알게 되었다. 뉘우치기보다는 어떻게 해야 한다는 것을 알게 됐다. 길을 알고 나니 참 쉬웠다. 아이들에게 먼저 지지를 주고, 아이들 편이 되어주는 아빠가 되어야 했다. 나도 이렇게 고생하고 열심히 살았으니 너희도 그렇게 해야한다는 말은, 행동으로 보여줘야 하지, 말로 강요하는 것이 아니란 것도 알았다.

지지하여 주면서 행동으로 보여주는 것이 아빠의 역할이었다. 부부 사이도 마찬가지다. 나보다 내 처가 상담을 더 자주 받았는데 이후 급격하게 사이가 개선되었다. 그 상담사님이 뭐라 했는지 알 수는 없으나, 아내에게 내가 하는 많은 일을 공감받고 지지받게 되었다.

남편이 돈을 잘 버는 대신 시간이 부족해서 집안일을 안 한다면 어떻게 하면 될까? 대개 '돈을 들여 이모님을 써라'와 같은 조언을 할 것이다. 그러면 남편 대신 그 이모님이 청소와 빨래 등 온갖 집안일을 다 처리하니 그때부턴 아내가 행복해할까? 정답은 아마도 '놉'일 것이다. 왜냐면 와이프는, 남편이 하는 것을 바라고 와이프가 힘든 것을 알아주길 바라는 마음이거나 '당신도 나랑 같이 좀 하자'라는 마음일 것이기 때문이다. 이모님이 일하는 건 마음과 정성은 없고 돈으로만 해결하는 것 같아, 아내의 마음에 와닿지 않는다. 나 역시도 집에 일하는 이모님이 계셨는데 그 월급을 내가 주고 있으니, 그만큼을 내가 집안일하는 것이란 주장을 한 적이 있다. 그러자 내 처의 말은 '맞벌이를 하니 이모님이 없는 일요일에는 집안일을 함께 하자.'라는 것이었다. 월요일부터 토요일까지 일을 하고, 일요일도 저녁이 되면 책상에 앉아 일을 시작하는 나의 입장에선 어이가 없었다. 맞벌이라고 하기엔 7급 공무원인 처와 나의 벌이 차이는 대략 20배가 났으니 오죽했겠나. 그러나 이러한 마음가짐이 가정에서 지지를 받지 못하는 단초가 되었음을 훗날 상담 후에 깨달았다. 내가 지지를 받지 못하는 것은 나의 부족이었다.

이게 참 묘한 게, 똑같은 말이라도 어머니가 하거나 배우자가 한다면 와닿지 않는 말이 있다. 나 역시 이런저런 마찰이 있을 때 '니는 남자 아니가, 그러지 말고 좀 마음을 크게 먹어라.'와 같은 말을 내 어머니로부터 이미 들었다. 그땐 전혀 와 닿지 않았다. 상담을 좀 받고 보니 그건 또 어머니의 스킬 부족이었다. 충분히 당사자인 내가 왜 힘들고 속상한지 공감을 한 다음 '그건 며느리가 자기도 고생하는 걸 알아달라고 하는 거야. 같은 여자라서 엄마가 좀 알아.'라고 했더라면 좀 달라졌을 수도 있다. 하지만 어머니도 그런 전문가가 아니니 공자 왈 맹자 왈 같은 누구나 하는 똑같은 말만 해 줄 뿐이었다.

그런데 이런 유료상담을 하는 이들은 굉장한 스킬이 있는 것이 '시발 내가 왜 화가 나냐면…'에 대한 마음을 먼저 이해하고 들어준다는 것이다. 충분히 공감을 해준다. 그러면서 배우자를 두고 당신이 모르는 고생과 알아주었으면 하는 마음, 내가 기대하는 반응을 얻기 위해서 해야 할 말을 연습시켜 준다. 나의 경우는 아예 받아적어서 대본으로 갖고 있다. 분당에서 만난 김박 사님은 아예 자기 보는 앞에서 연습을 시키기도 하였다.

돈벌이가 잘되는데 가정에서 지지를 받지 못한다면 배우자를 어떻게 꼬셔서든 부부 상담을 받아보라. 가정에서 배우자를 위해 알아야 할 것들도 배우게 되지만, 일상에서 알아야 할 여러 가지도 함께 배우게 된다. 직원이나 거래처, 상대방에게 먼저 공감하는 법도 배워 그들이 더 좋은 성과를 내게 하여 준다. 여러 사람과 원만히 살아가는 스킬이 녹아 있는 것이다. 내 가까운 사람 중엔 이혼 후 상담을 받았는데 이후 사이가 무척이나 좋아지기도 했다. 결혼해 같이 살 때는 이혼할 것이 훤히 보이더니, 지금은 이혼 후 10년이 지났는데도 연인 같아 보인다. 이처럼 이혼한 배우자의 마음도 바꿀 수 있는 스킬을 1대 1로 배우는데 월 300만 원(VAT 별도) 정도의 비용은 아까운 것이 아니다.

대학에서 배운 경영학과, 개인이 창업을 하여 겪게 되는 경영 실무에는 어떤 차이가 있을까? 대학에서 경영학을 세부 전공으로 나누면 대개 회계, 조직관리, 마케팅 등으로 나누어진다. 이런 것들이 개인이 창업을 하여 회사를 운영하는데 도움이 될까? 큰 도움은 되지 못한다. 학교에서는 이론을 가르치기 때문에 그럴까? 그럴 수도 있지만 대개 창업을 하면 직원 10명 미만의 회사를 차리기 마련인데, 경영학과에서 배우는 경영학은 너무 큰 스케일의 것으로 배우기 때문이다. 회계업무는 오롯이 직원과 기장 사무실의 몫이라, 나는 그 보고를 읽고 이해하는 정도면 족하다. 조직관리는 할 게 아예 없고, 마케팅은 마케팅대로 대학에서 배운 것과 규모가 일치하는 것이 거의 없다.

직원 10명 미만의 사업을 하는 경우는 대개, 직장 생활을 하며 쌓인 경험을 토대로 창업을 한 것이다. 그러니 사업을 한다 하여도 1인 기업부터 시작하는 경우가 많다. 영업이익이랄 게 그리 크지 않으니, 직원을 최대한 적게 쓴다. 대신 직원들로 하여금 충분히 동기부여를 끌어낼 수 있어야 한다.

그래서 내 회사에는 회의와 보고가 없다. 주간 회의 같은 건 10년간 단 한 번도 해본 적이 없다. 앞서 밝혔듯이 각자가 할 일을 맡아서 하고 처리한 내용만 단체 카톡방에 남기게 한 것이다. 왜 그랬을까? 월급 700만 원(내 회사 직원은 이보다 높다.)쯤인 직원이 둘인데 하루 인건비로 계산하면 50만 원쯤 되는 돈이다. 한 시간에 5만 원가량 되는데 이런 직원들과 회의를 한 시간 하면 5만 원의 회사 자산을 쓴 것이다. 5만 원을 쓰면 15만 원 정도의 부가가치를 뽑아야 한다. 그러려면 허드렛일부터 줄여야 한다. 대학에서 배운 경영학과 나의 경영 실무가 가장 어긋나는 대목이 이런 것이다.

창업을 한다는 것은 결국 자산을 효율적으로 관리하는 것에서부터 출발한다. 드라마나 대기업에서 하는 사장 놀이를 개인이 창업한 곳에서 하려 해선 안 된다. 나 같은 작은 회사는 나의 스케줄 관리만 잘하면 직원들은 알아서 나에게서 파생된 일을 하느라 관리 감독할 것도 없이 열심히 일을 하게 된다. 이 작은 회사에서 1인당 매출은 최고 8억 원이 넘었고 1인당 영업이익도 2억 원은 거의 매년 넘는다. (청소 여사님과 외주를 주는 직원은 제외하였다.) 나는 이렇게 할 수 있게 된 비결을 애초부터 회의를 하지 않았기 때문이라 여기고 있다.

가끔 회사 운영 방안 등 장기적인 업무 방향에 대한 이야기를 할 때가 있긴 하다. 그럴 땐 늘 좋은 음식과 좋은 술을 앞에 두고 한다. 그래야 분위기가 좋아 서로서로 이야기도 술술 나오지.

'내 촛대의 불을 남과 나누어도 내 촛대는 여전히 빛나고 있다'

이 멋진 말을 어디선가 들었는데, 출처는 모르겠지만 나는 늘 이 말을 가슴에 새기고 있다. 강사라는 나의 직업은 줄어드는 것 없이 남을 도울 수 있는 정말 좋은 직업이다. 강사가 좋은 첫 번째 이유는, 나 자신이 더 나은 투자를 하기 위해서 공부를 꾸준히 할 수 있다는 것이고, 두 번째 이유는 남과 나눌 때, 실수를 줄이기 위해 꾸준히 공부할 수 있다는 것이다.

돌이켜 보면 정말 빛나는 투자, 되돌아봐도 눈부신 투자를 정말 많이 했다. 나의 투자도 그러했지만, 나를 통한 수강생의 투자도 그러한 것이 정말 많다. 그렇지만 나로 인한 투자가 모두 성공적인 것은 아니었다. 개발이 되리라 여겼던 곳이 건축비가 올라 속도가 더뎌지거나, 입주가 늦어지는 등 속을 태운 적도 있다. 그때, 받은 수강료는 물론 1년치 이자를 대신 내드린 적도 있다. 내 촛대의 불이 남의 촛대를 밝히기는 커녕 불태워버린 느낌을 받았던 경험이다. 이 책에 담긴 내 자만에 찬 말투가, 그런 분들에게는 얼마나 거슬릴지 생각하면 과연 책을 낼 수 있을까 라는 두려운 마음도 있었다.

하지만, 결국 지금 내가 할 수 있는 최선은 공부를 꾸준히 하는 것이다. 급변하는 세상을 공부하고, 업계 관계자들과 좋은 네트워크를 유지하여 실수나 실패를 줄이며, 성공은 더 크고 빈번하게 달성하는 것이다. 그 과정에서 과한 욕심은 반드시 내려 놓아야 할 것이고.

다음 사진은 경기도 양주시 고읍동 109번지와 109-5번지의 부동산으로, 스타벅스 양주고읍DT와 탑텐 양주고읍점이 오픈

한 곳이다. 이 부동산을 매입할 당시는 나대지였다. 북쪽으로 양
주 옥정신도시가 입점하고, 이 앞을 지나 서울로 향하게 될 차
량이 많을 것을 예상해, 논이었던 토지를 매입한 것이다. 이후
스타벅스를 비롯한 많은 브랜드에 입점 제안을 넣었고, 거의 모
든 브랜드가 입점 의향을 보여 행복한 고민을 하며 개발을 한
사례다. 현재는 위 부동산을 180억 원(스타벅스 80억 원 / 탑텐 100
억 원)에 매각하여, 양도 차익을 상상을 초월할 정도로 벌게 해
준 부동산이다. 물론 투자자는 내가 아니고, 나보다 훨씬 더 돈
이 많은 수강생이며 지금은 이 건으로 더더욱 부자가 되셨다.

당시로선 스타벅스DT 개발을 해내는 부동산 강사는 거의 없었다. 나는 어떻게 가능했을까? 이때 나는 작정하고 드라이브 스루 개발 스터디를 했다. 현직에서 몸담고 있었던 선후배님들을 학원으로 초청하여 강의를 하였고, 나는 열심히 트렌드를 익혀나갔다. 업계에 있는 분들과 교류도 게을리하지 않았다. 그 덕에 나도 모처에 스타벅스DT를 갖고 있고, 버거킹DT, 탑텐 NSC Neighborhood Shopping Center(독채로 지어진 교외형 단독 건물의 스토어) 등의 부동산도 개발하여 소유하고 있다.

　나는 주택투자를 거의 하지 않으니 아파트 시장 동향에 밝지 않다. 그런데, 이번엔 직원이 내 스승이 되어 주었다. 직원이 내게 해준 조언과 여러 기사를 종합하여, 2025년 추석 전에 집을 사야겠단 계산이 섰다. 내가 살고 있는 용인시 수지구 아파트의 전세가 씨가 마르며 집값 급등 전조증세를 보이고 있었기 때문이었다. 그래서 당시 내가 가진 돈과 아이의 학교 전학을 하지 않는 선에서 가장 좋은 아파트를 매입했다. 그랬는데 그 아파트가 9주 연속 전국 집값 상승률 1위를 기록하고 있다.

　사실 수지구 아파트를 매입하기 몇 개월 전에, 성남시 분당구에 대형 평수 아파트가 경매에 부쳐진 것이 있었는데 이를 입찰

출처 : 연합뉴스

하였다가 1등과 굉장히 큰 금액 차이로 떨어졌다. 심상치 않음을 이때부터 감지하고 있던 바다.

2025년엔 특히, 부동산 부실채권 공부도 심도 있게 하기 시작했다. 우선은 학원 내 대부법인의 대표를 했던 이를 강사로 두고, 정기적으로 부실채권 강의를 하게 했다. 나만 공부하는 것이 아닌 회원님들도 함께 공부했다. 2010년 무렵, 부실채권을 통해 부동산 경매 건을 취득한 경험이 있었던 터라 그리 어렵지 않았지만, 확실히 대부업을 해본 업자(?)의 강의는 한 끗이 달랐다. 나는 배웠고 성과를 바로 냈다.

2024타경 102841 사건은, 실제 투자금이 5천만 원 정도의 소액투자였는데, 보증금 8천만 원, 월세 380만 원에 상가 임대를 맞췄다. 4억 7천만 원의 대출이 있는데, 이자를 내고도 200만 원이 넘는 순수익이 남는다. 재밌는 것은 이 상가를 낙찰받고 잔금도 치르기 전에 PC방 세입자를 맞췄다는 것이다. 전남 목포시에선 2023타경 4,364사건을 부실채권 매입을 통해 낙찰받았다. 이 역시 잔금 납부 후 배당금으로 정산을 받아 실투자금이 5천만 원에 불과한 물건이다. 그런데 잔금을 치르고 불과 50일 만에 매매계약을 하였는데, 매각가 26억 5천만 원으로, 실제 매입액 18억 원 대비 무려 8억 원에 가까운 차액을 실현시켜 준 물건이었다. 요즘 같은 불경기에, 이런 것이 어쩌다 하나도 아니고, 한 해에 몇 건씩이나 성공시킨다는 것이 믿기지 않을 것이다. 그러나 불경기에 더 잘되는 투자가 경매이고, 더더욱 잘되는 투자가 NPL이다. 나는 시류에 맞춰 공부를 하였고, 그 보람을 찾은 것이다.

내가 입버릇처럼 하는 말은 '투자는 어려운 것이다.'이다. 나도 위의 성공 사례를 열거하니 대단히 보이겠지만, 시장이나 매도인, 중개인보다 물건 보는 안목이 좋아지기까지 꽤 긴 시간이 걸렸다. 내 사랑하는 큰 아이가 태어나고 얼마 되지 않았을 때, 나는 아빠라는 그 뜨거움과 뭉클함으로 틈만 나면 답사를 하였다. 한번은 와이프와 아이가 산후조리원에 있을 때 눈발 날리는 고속도로를 달려 이천 설성면의 어느 농지를 답사하기도 했다. 가는 길에 왜 이리 차가 막히나 했더니, 그날이 크리스마스 이브였는데 나는 그마저도 잊고 있었던 것이다. 그때 사랑스러운 아이의 아빠라는 뜨거운 열정으로 답사를 하였지만, 물건이 좋은 것인지 나쁜 것인지도 모른 채 돌아왔다. 그저, 그 농지 위의 하우스에서 농사짓는 어린 잎채소가, 파리바게뜨에 납품되고 있다는 정도만 알게 되었고.

그렇지만 이렇게 하나하나 경험이 쌓이며 차츰 재미가 붙었다. 그리고 실력은 그 뒤에 덩달아 향상되었다. 부동산 중개소를 찾아 말하는 것, 매도자를 설득하는 것, 관공서를 찾아서 질문하는 것 등 모든 것에서 스킬이 늘어 갔다. 경험은 그 무엇 하나도 버릴 것이 없었다. 투자에서 잔뼈가 굵어지며 재미가 붙더니, 틈만 나면 부동산 뉴스와 물건을 보는 사람이 되었다. 그러자 강의는 더 쉬워졌다. 마이크만 있으면 3시간 강의를 하고 내려오는 것은, 태권도 유단자가 태극 1장을 하는 것만큼이나 싱거운 일이 되었다. 투자 사례가 많으니 어떤 이론에 대한 이야기를 해도 실제 사례로 풀어내는 것이 어렵지 않아졌기 때문이다.

자랑을 늘어놓고자 함이 아니다. 책의 끝머리에 깊은 감동을 선사하고자 함도 아니다. 그저 긴 시간을 꾸준히 하다 보니 이렇게 되었단 말을, 그리 힘들이지 않고도 이렇게 되었단 말을 전하고 싶다. 그러나 처음에 어느 정도 손에 익기까지는 재미가 없었단 것도 기억해주면 좋겠다.

에필로그

내가 이런 책을 내다니…

어릴 적부터 알바를 일찍 시작하여 그 돈을 그대로 모았다. 그 어린 나이에 비해 큰돈이라 여겨 경제신문을 비롯한 투자 공부를 일찍 시작하게 되었고 투자 역시 좀 빨랐다. 대학 생활과 병행하여 알바를 지속하였고 그렇게 생긴 여유자금으로 청약저축에 가입했고, 그게 29살에 신도시 아파트 청약에 이르게 했다. 이 아파트에서 생긴 수익금으로 지속적인 부동산 투자를 했다. 직장은 유통 회사에서 부동산 점포 개발이었고. 이 업무와 병행하여 상가와 토지 투자를 지속하였는데, 성공 사례가 쌓이면서 강사로도 꽤 인기를 얻어, 10년이 넘도록 학원업을 해오고 있다. 이게 나의 성공의 전부다.

위에 언급한 것들을 진행하는 동안 정말 잘한 것은, 돈을 벌어서 그대로 저축하는 습관을 들인 것이었다. 그게 가능했던 것은, 돈에 대한 공부를 일찍 시작하였기에, 소비보다는 투자나 장사(논노패션 대리점)를 위한 종잣돈을 모으는 것이 그리 힘들지 않았기 때문이다. 돈 찌는 체질이 그때부터 만들어진 것이다.

돈 찌는 체질이 만들어진 후로는 인생이 대체로 쉬웠다. 이 짧은 영어 실력에 영어 과외도 31살이 되도록 했고, 주말엔 등산로 커피 장사도 가끔 했다. 이런저런 스케줄이 없는 날에는 대리기사도 했다. 27살에 취업을 했으니, 이런 알바를 멀쩡한 대기업을 다니면서 30살까지 한 것이다. 물론 틈틈이 투자에 대한 공부도 했다. 이렇게 보면 정말 인생을 열심히 산 것 같지만 음주도 주 3회 이상은 꾸준히 했는데, 이 모든 게 가능했던 것은 회사와 늘 도보로 10분 이내 거리에 거주하였기 때문이다. 소변이 늘 노랬던 덕도 한몫했다. 이를 통해 시간을 극단적으로 효율적으로 사용하며 많은 것을 할 수 있었다. 어느 한 대목에도 대단한 것이 없지 않나?

'나는 왜 가진 것도 없었고 피나는 노력을 한 것도 아닌데, 경제적으로는 0.1% 정도의 부를 이룰 수 있었을까?'(사업을 하며 외부 투자를 받아 주식을 비싸게 매각한 것도 아니다.) 이 책은 나에 대한 이러한 탐구에서부터 시작된 것이다. 그러면서 나뿐 아니라 누구든 살면서 한두 번쯤은 만날 수 있는 50억 원 전후의 자수성가한 부자들의 특징을 덧붙여 나간 것이다. 책의 방향도 저자인 나 자신을 뽐내기보다는, 독자로 하여금 경제적인 자유에 도달하기 위한 가장 쉬운 설명서였으면 좋겠다는 생각을 했다. 빠르고 확실한 길이라 하여도 높은 절벽 같은 것, 이를테면 하루 4시간 자고 매일 같이 일에만 매달리길 1년 이상 하며, 자기 업이나 투자에 통달하는 것 같은 것은 넣고 싶지 않았다. 사실 과장을 좀 넣어서 그러한 내용을 넣어주는 것이, 책이 잘 팔려 출판사에도 좋고 강사를 하는 나에게도 도움이 되는 것이라는 것을 잘 안다. 하지만 그것은 결국 고객인 독자를 위한 것이 아니기에, 나는 조금도 그러한 흉내를 내지 않았다. 다만 이 책이 10만 권 이상 팔릴 것이 거의 확실하기 때문에(?) 과도한 나의 사적인 이야기는 배제하였다는 것이 아쉽다. 아무래도 불편러들에게 손가락질받을 수도 있는 일까지 공개한다는 것이 쉬운 일은 아니지 않겠나. 그리고 그게 그리 핵심적인 내용도 아니고. 이 책을 마무리하며 딱 하나 아쉬운 게 있다면 그것이다.

　사실 나는 4권의 책을 내며 10만 권 이상의 판매고를 올린 초특급 베스트셀러 저자이다. 그러기에 책을 내겠다고 하면 메이저 출판사가 모시러 올 것이 뻔하다. 그럼에도 날것 그대로의 이야기를 담고 싶었다. 요즘처럼 공중파보다 유튜브 방송이 득세한 시대에 고상한 척, 고리타분한 돈에 대한 철학을 내고 싶지 않았다. 그래서 듣보잡 출판사(권민창 대표님 죄송)와 계약을 하고 처음부터 '씹선비 같은 소리를 하지 않겠다'라는 이야기로 원고를 시작하였다. 그리고 이러한 폐급 책을 내는 데 흔쾌히 동의해준 대표님께 진심으로 감사한 마음이다.

　이제 독자 여러분은 이런 영세 출판사의 용단에 기를 살려주는 일을 하셔야 한다. 온갖 SNS에 이 책을 홍보하고 주변 사람에게 권하고 혹시나 악플이 있다면 반드시 악답글로 응징을 해주시길 바란다.

　이 원고를 쓰는 지금 얼마나 홀가분한지 모르겠다. 학교 박사과정, 강의에 필요한 전문 서적 등 많은 할 일을 내팽개치고 도전한 원고다. 지금까지 낸 책은 내가 먹고 사는데 도움 되는 것들이었다면, 이 책은 내가 세상에 하고 싶은 이야기를 담았다. 옛날 나이로 딱 50인 지금, 꼰대로 넘어가기 전에 내놓지 않으면, 이러한 이야기를 날것 그대로 내놓기가 쉽지 않을 것 같았다. 당장 아들이 이 책을 읽을 나이만 되어도 이렇게 과감하게 원고를 내진 못했으리라.

글재주가 없어서 책에 다 담지는 못했지만 나는 정말로 대충 열심히 오랫동안 살았다. 돈과 투자 말고는 아는 것도 없다. 그렇지만 매일 조기축구를 한 사람이 축구를 잘하듯, 오랫동안 이 바닥에서 투자와 강의만 하였으니, 경제적 성과는 노력 대비 상당히 좋다. 내 성향에 맞춘 글이기 때문에 MBTI에 따라서 이 책의 내용에 거부감이 드는 분들이 있을 것이다. 그런 분들도 제발 악플을 달거나 중고 서점에 싼값에 내놓지 말아주시길 바랄 뿐이다. 어차피 중고로 팔릴 책도 아니지 않나.

마지막으로, 이 책은 코팅이 되어 있어 냄비 받침으로 적합하지 않음을 알리며 글을 마무리한다.

돈 찌는 체질

ⓒ 김종율

초판 1쇄 인쇄 2026년 3월 10일

지은이 김종율
기 획 조영훈
편 집 조영훈
디자인 김지혜
마케팅 정호윤, 김민지, 송유경, 김은주, 최서환
펴낸곳 모티브
이메일 motive@billionairecorp.com

ISBN 979-11-94600-89-3 (03190)